3次元の人生を支配する

4次元の人

The fourth dimension spirituality

チョー・ヨンギ 著

トランスフォーメーション・グロース

はじめに

私たちの人生は制限のある生です。時空間の制約の下で生きる三次元の人生なのです。しかしそれがすべてではありません。聖書は「信仰によって、私たちは、この世界が神のことばで造られたことを悟り、したがって、見えるものが目に見えるものからできたのではないことを悟るのです」（ヘブル一一章三節）と教えています。四次元は宗教的に言うと、霊的な世界です。そして人間は霊（霊魂）を持った存在なので、三次元の世界にいながら四次元に属する存在です。ところが、今日、個人や家庭、すべての領域にサタンが入り込み、むなしく深い暗やみを作りました。

私は二五年前、四次元の秘密についての概要を話したことがあります。この時の「四次元の霊性」が四七年間に及ぶ牧会の原動力となったのは、私自らが研究したことでもなければ、他から学んだことでもありません。それは長い間聖霊と交わる中で知るようになった奥義です。私はこの奥義をもっとたくさんの方々と分かち合いたいと願っています。

私たちは四次元の霊性によって、すべての環境を新しく孵化させることができます。そうする時にすべてが変えられます。四次元を変えられる人が三次元を支配していくようになります。それでは、四次元の霊性の世界をどうやって動かすことができるでしょうか？そこには四つの要素があります。それは考え、信仰、夢、言葉です。

これらによって四次元は動かされます。三次元と四次元を変えましょう。そうすればあなたの人生は、間違いなく変えられるのです。

本書は、四次元の世界を動かす四つの核心要素である、考え、信仰、夢、言葉に対して、個人の生活と組織の発展のために適用できるように心がけて執筆しました。またここには四次元の霊性を開発するたくさんの例話や実践のための指針を盛り込んでいます。

この本を通して自分の人生を成功へと導きたいすべての人々に、四次元の霊性について深い洞察力を持ってもらい、さらにチャレンジを与え、信仰を奮い立たせるきっかけになることを切に願います。

この本を読む皆さんの人生に、神の大きな祝福と恵みがありますように。

二〇〇四年一二月二五日　クリスマス

チョー・ヨンギ

推薦の言葉

三十年たった今、辿り着いたすすめ！

三十年前に私は、チョー・ヨンギ師に対して強い疑問と驚嘆を持っていました。保守性の強い長老教会の教職だった私には当然のことだったでしょう。ですから、私の疑問とは、師の力の根源がもしかしたら人間的な、または神の聖霊ではなくて別の霊かもしれないというもので、驚嘆とは初代教会並のみわざを伴う伝道牧会を行っていることについてでした。ですから私にとっては、常に彼が研究の対象でした。

そんな時、私に異性に対する大きな誘惑が来たのです。一人で必死に戦っていた私は、すがる思いで師に手紙を出したのです。師に対する疑問点をぶつけるとともに、自分はどうすればこの死の体の誘惑に打ち勝てるのかと。師は私のつまらない疑問点については何も語らなかったのですが、私の肉の欲からの救いのために「いのちの泉である心を守る原理」について丁寧に説明してくださいました。その時から私は、彼の真実性を疑わなくなりました。

その後、師はキリスト教史上、類を見ないほどの大教会を建てました。何十年経った今も、その成長はとどまることなく継続しています。また、数え切れない彼の弟子たちは全世界に出て行き、あらゆる国々で同じく成長する教会を建て、活躍していることは広く知られていることです。

今、私は師の「人を真に神の器に変える」いのちの原理「四次元の霊性」をまた学び始めています。三十年前にたった一度だけ、触れられ受けた大きな恵みに比べられない情熱が今私にあります。それは私の牧会、宣教、弟子訓練の人生が結局ここからスタートし、ここに辿り着かなければならなかったのだという結論に達したからです。

これはカリスマでもノンカリスマでもありません。それ以前のとても大切なものです。パウロが教えてくれた神の聖霊によって生きるいのちの原理、神の御旨に従って生きるいのちの原理そのものを、具体的に現代バージョンで教えてくれるものです。懇親を極めた日本宣教二六年、私はやがて日本に来るべきトランスフォーメーション・リバイバルを待望し、その収穫を刈り取る弟子づくりのために、人の心が根底から変わるこのトレーニングをお薦めします。

卞　在昌（トランスフォーメーション・グロース）

二つのＪのため用いられますように

「もしあなたがたが、よく考えもしないで信じたのでないなら、私の宣べ伝えたこの福音のことばをしっかりと保っていれば、この福音によって救われるのです」（Ｉコリント一五章二〇節）

ドイツのルドルフ・ボーレン教授は「憧れ」を失ったら何もかも失敗する、と言っていましたが、チョー・ヨンギ先生は、私たちの憧れであり、また良き模範でもあります。

日本の宣教は現在、大苦戦でありますが、上記のみことばのように「福音のことばをしっかりと保っていれば」必ず祝福されると確信しています。

チョー先生とお出逢いして二十余年がたちますが、先生に教えていただいたように実践してきました私の教会も、今日、日本の中でも祝された教会の一つになりました。私はチョー先生のご教導のすばらしさの生き証人であります。

正直に申し上げれば、私がもう少し真剣に、誠実に祈り実行していましたら、もっと早く成長したと思います。すなわち、教会の成長が乏しいのは、牧会者としての私の怠慢の結果であるといえます。

同じアジア人であるのに、あまりの大差に恥ずかしさを覚えます。しかし、自分の人生にこのような模範的な神のしもべと出逢わせてくださった神様のご配慮に心から感謝しております。

この度の「四次元の霊性」は、チョー先生の研究の中で最も大切なテーマであり、先生の真骨頂と言える大作であります。

関西の大物評論家が言いました。「自分はクリスチャンではないが、日本のキリスト教徒が一パーセントであるのは、キリスト教会の営業の努力が足りないからだ。私たちはもっとキリスト教信徒の数が増えることを期待している」「二つのJのために生きる」と内村鑑三が言われましたが、この本が、主の御栄えのためと、日本の宣教のために用いられますことを期待し、心から祝福をお祈りいたします。

大川　従道（大和カルバリーチャペル）

牧会四七周年を記念し、世界最大の教会を築き上げられたチョー・ヨンギ先生の聖霊のミニストリーをよりわかりやすく理解できる良書が発行されてうれしく思います。今まで国内を初め全世界の大勢の学者と牧会者、一般信徒の皆さんに霊感を与えてきた、師の聖霊のミニストリーをより体系的に研究し、集大成した労作だからこそ、エゼキエルの谷間の干からびた骨のように枯渇した多くの人々に、いのちの水になって読まれることを願います。

キム・サムファン師（ミョンソン教会）

二十世紀後半『四次元の霊的世界』（邦題『第四次元』）という本を通して、聖霊運動を知らなかった韓国教会と世界の教会に新しい挑戦を与えたチョー・ヨンギ先生が、再び二一世紀の始めに、聖霊の運動を通して教会の更新と教会成長を成し遂げるため、『三次元の人生を支配する四次元の人』という本を出版されたことを心から歓迎します。この本を通して再び聖霊の運動が、私たちの霊的な生と教会の中で起きることを期待します。

キム・ヨンギル総長（ハンドン大学）

三次元の人間世界と四次元の霊的世界の関係を、この本ほど実際的に扱った本はないはずです。聖霊のミニストリーにおいて世界的権威者であるチョー・ヨンギ先生は、神秘的な霊的原理の数々を四つの要素で簡単明瞭に紹介しています。

〈四次元の信仰によって考え、信じ、夢見て、話しましょう！〉

キム・ジャンソアン師（世界浸礼教総会長）

神様の大きな愛と恵みの中でチョー・ヨンギ先生の『三次元の人生を支配する四次元の人』の出版を心からお祝い申し上げます。この本は生きておられる神様のみことばを通して、天地万物の上の霊的世界を科学的な理知で証明し、永遠と無限を治められる聖なる創造主の統治原理を深く悟らせます。聖霊の御働きの中でそのような真理を理解することによって、多くの人々がもっと強い信仰を得、世の中で勝利し、神様の栄光を現す喜びが満ちることを祈ります。

イ・ギョンスク総長（スクミョン女子大学）

今日の韓国教会の注目に値する成長を支えた多くの要因の中で、一番重大な影響力は何よりも、世界最大の教会を率いるチョー・ヨンギ先生の聖霊のミニストリーであるに違いありません。すでに『第四次元』を通して私たちに知らせてくださった先生の聖霊のミニストリーが、どうやって教会成長と直接つながったのかを、より具体的で生々しく聞かせてくれる本と出会えてうれしく思います。特に先生が示す霊性訓練プログラムは、さらに深い聖霊との歩みを渇望する信徒や牧会者に、四次元霊的世界へ向かう方向と目的を示す羅針盤になるに違いありません。

玉 漢欽師（国際弟子訓練院長）

「四次元（The Fourth Dimension）」という用語は、アインシュタインが導入した時空間を飛び越えた物理学的な概念として、低い次元が相対的に高い次元によって支配されるようになるという相対性原理を基盤としています。そのような原理が神様を認識する重要な手がかりになります。物理学的概念である四次元を霊的世界に置き換えられたという点から、チョー・ヨンギ先生の通伝的思考と幅広い識見を垣間見ることができました。それはより親しい科学的原理を用いて、未知の霊的世界をより簡単で理解しやすい言葉で表現しようとする著者の配慮が込められています。

ジョン・グンモ博士（前・科学技術省長官、ミョンジ大学総長）

チョー・ヨンギ先生のミニストリーは、生の霊的な羅針盤のようなものです。彼は霊的に荒れ果てた韓国教会に、生命力あふれる牧会の手本を見せてくれました。今までの四七年間にわたる牧会のミニストリーは一言で言って、みことばのミニストリーと聖霊のミニストリーの絶妙な調和だと思われます。この本から私たちは「四次元の霊的世界」から始まった彼の原理が「四次元の霊性」へつながる生の旅を経験するようになるはずです。そのような適用は、聖徒たちの生に実際的に適用されるはずです。ほとんどの人々は、信仰生活と現実のはざまで混沌としています。教会では熱い信仰生活を送り、世の中では冷めた現実の生を送っています。この本を通して明快にその答えを見つけ出せるように祈ります。

河　ヨンジョ師（オンヌリ教会）

Contents

二部

あなたの中の四次元霊的世界を変えましょう！

1章 考え

1・神の方式に変える 57

単なる楽天主義は人間的な思考です。みことばの黙想を通して神の考えに近づけてください。神と対話しながら省察し、悔い改め、自分の考えを点検してみてください。

2・考えを肯定的なプログラムに変える 67

どんな問題に直面しても否定的思考から肯定的思考に変えてください。死に打ち勝たれたイエス様のように、あなたも絶望に打ち勝つことができます。

3・考えの否定的体質を把握し、治める 74

人間の堕落によって人間の考えには否定的な要素がいっぱいになっています。怒り（憤り）、絶望、不安などを取り除かなければ、ますます大きくなります。

4・いつも五つの福音と三つの祝福を考える 80

あなたはすでに祝福されています。考えの豊かさを意識して持つことを願います。あなたの考えの倉に福音と祝福の喜びを入れてください。

Contents

2章 信仰

1・見渡しの信仰法則を用いる　89

目標を見るとき、すでに存在するもののように見渡してください。実体を見渡してください。心の中に願いを抱いた後、すでにかなえられた現実として信じ祈ってください。

2・否定的な方に誘惑する環境と戦う　100

信仰を揺るがすたくさんの誘惑があります。戦い打ち勝ってください。平安が訪れるまで祈ってください。熱く叫びながら祈ってください。

3・三次元人生の重荷を主にゆだねる　105

不安な時代、絶望することの多い時代であるけれども、思い煩いを下ろしてください！　あなたの否定的な考えと恐れの重荷をすべて神にゆだねてください。ただ一人、神だけを仰ぎ見てください。

4・いつも信仰によって生きる方法を学ぶ　109

日常の中で信仰によって生きる方法、神と共に歩む方法を学んでください。みことばを黙想し、神を黙想してください。信仰の人とよく交わってください。

二部 あなたの中の四次元霊的世界を変えましょう!

3章 夢

1・人の理解を超えた大いなる事を望む 121

いつも神が偉大で驚くべきみわざをあなたに施されるのを待ちわび、夢見てください。目の前の道が断崖絶壁になることを考えてはなりません。いつも神が与えてくださる夢に期待してください。

2・あなたが夢見るものを具体的に描く 135

確かな対象を心の中で描いてください。具体的に紙に書いてみてください。より具体的な目標を得るまで、確信が与えられるまで祈ってください。そして、そのような目標をみことばを通して再確認してください。

3・夢は小さな事から実践する 140

未熟児を保育器で少しずつ育てていくように、小さな夢を大事に抱きながら継続して育ててください。聖霊と共に歩み、小さなことも忠実に行い、苦難に打ち勝ってください。

4・いつも「希望の夢」を抱き、拡散させる 150

今、目の前に見えないからといって失望する必要は全くありません。待っていてください。十字架の苦難を黙想してください。そして、希望を分かち合い拡散させてください。

Contents

4章
言葉

1・希望のみことばを宣言する　165

言葉を通して「できる」という肯定的な信仰を持ちましょう。また頻繁に聖書のみことばを暗記し、その約束のみことばをその通りに話してください。

2・言葉で信仰を説く　174

言葉は環境に打ち勝つ、霊的戦いの大事な道具です。言葉を通して信仰を説いてください。くちびるを通してくり返し認めてください。私たちの環境に驚くべき変化をもたらします。

3・創造的で成功的な言葉を話す　181

言葉は人を生かしも殺しもします。相手に感動と喜びと成功をもたらす創造的な言葉を使うように努力してください。

4・いつも天国の言葉で解き明かして話す　184

愛と祝福の込められた言葉は人を変え、環境を祝福します。天国の言葉である祝福と愛の言葉を使えば、その舌を通して奇跡が起こります。

Contents

一部

四次元
霊的世界への
招き

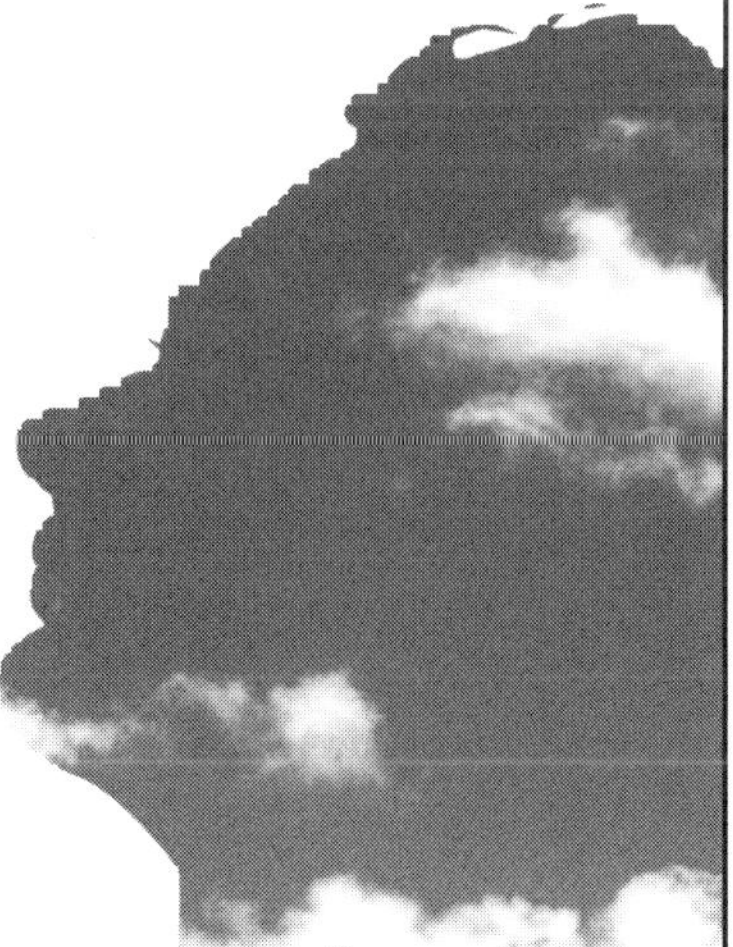

一部　四次元霊的世界への招き

1章　三次元の人生、四次元の霊性

四次元霊的世界への招き

1章 三次元の人生、四次元の霊性

信仰は望んでいる事がらを保証し、目に見えないものを確信させるものです。昔の人々はこの信仰によって称賛されました。信仰によって、私たちは、この世界が神のことばで造られたことを悟り、したがって、見えるものが目に見えるものからできたのではないことを悟るのです。

（ヘブル一一章一～三節）

私は以前、アメリカの著名な神学教育機関であるフラー神学大学院で、「教会成長」の講義をしたことがあります。大学院のすべての教授と学生をはじめ、アメリカ全土から神の働きに仕える多くの代表者たちが参加した大きな集会でした。そこで、その講義を私に依頼したピーター・ワグナー博士に会うことになりました。その時彼は、神が自分に短い足を長くする特別な賜物を与えられたと語りました。

私は一瞬耳を疑いました。神学教授であり、博士である彼は、どこから見ても決してそのような奇跡を起こす人には見えなかったからでした。私の内心を察したのか、ワグナー博士は直接、その現場を見ることを勧めました。翌日の朝、私は再び彼のオフィスを訪れました。ちょうどオフィスには、列車事故で足の一部が切断された一人のイラク人がいました。また博士夫人とキム・ヨンギル牧師をはじめ他の牧師の方々がいました。やがてワグナー博士が入ってきました。彼は祈り終えた後、足の一部が切断されたイラク人に手を置いて叫びました。

「ナザレのイエスの御名によって、足よ、長くなれ！　足よ、長くなれ！　ナザレ・イエスの御名によって、足よ、長くなれ！」

ワグナー博士のそのような祈りは五分以上続きました。彼は汗まみれになって叫び続けていました。しかし、イラク人の足はそのままでした。私はむしろワグナー博士を慰めました。

「今すぐ長くなることもあり得ますが、徐々に長くなることもあります」

そこにいた人々も口を揃えて大丈夫だとワグナー博士を慰めました。しかし、博士はあきらめませんでした。そして、そのイラク人に再び手を置いて祈り始めました。

「神様が生きておられることを信じます。神のひとり子イエスが私の救い主であられることを信じます。イエス様が必ずいやしてくださることを信じます」

そのようにイラク人の男性に告白させた後、再び座らせました。

それを見ていた私の方がつらくなってきました。私は祈りました。

「神様、私の足りない信仰を赦してください。父よ、足が長くなっても、長くならなくてもワグナー博士がつまずかないようにしてください」

博士は彼の足を触りながら宣言しました。

「ナザレの主イエスの御名によって命じる。足よ、長くなれ！　イエスの御名によって長くなれ！」

その瞬間、信じられない光景が目の前でくり広げられました。私はあまりにも驚いて腰を抜かすほどでした。足が三十秒もかからない内にすっと伸びていくのを見たからです。

この出来事は私にあまりにも大きな衝撃を与えました。私は神がとても近くにおられる方であることがはっきりとわかるようになりました。そこは教会でもなければ、祈祷院でも、何か聖会の会場でもなく、ただの大学教授のオフィスでした。強い信仰を持って「足よ、長くなれ！」と命じただけのことでした。足が伸びたイラク人はあまりにも感激して、オフィスの中を歩き回りました。びっこを引く姿はどこにもありませんでした。

ああ！　何と大きな神の恵みなのでしょう。神はずっと遠いところにおられるのではなく、私たちの近くにおられ、まさに私たちのくちびるから出てくる言葉におられたのです。神は二千年前にイエス・キリストがユダの地で行われた奇跡を、今この瞬間私たちを通しても起こそうとされているのです。そのような大きな悟りを抱くようになった私にワグナー博士は近づいてきてこう言いました。

「私が今のように病人をいやすことができるのは、全部チョー先生のおかげです」

私は意味がわからなくて「どうして私のおかげなのですか？」と聞くと、博士はこのように答えました。

「チョー先生が書かれた『四次元の霊的世界』という本を読みました。その本にはこのようなことが書いてありました。『神様の御働きをかなえたいのなら、夢を見なさい。そして、かなえられることをただ命令すればいい』と。それで私は足が長くなることを確実に信じ、すでにそれがかなえられることを見渡しながら命令をしたわけです。そして、その夢はすべてが実現しました」

彼は、本を書いた私自身も行うことのできなかった奇跡を、大きな信仰をもって行い、恵みと祝福の生を経験していたのです。一瞬後ろから頭を叩かれたような感じがしました。そのことは私に、神がどれほど近くにおられるのか、また強い信仰はどれほど大きな奇跡を起こすのかを悟らせるきっかけになりました。

実際に私は二五年前発行した『第四次元』（幸福への招待発行）を通して四次元の奥義についての概要を著したことがあります。事実そのような四次元の霊的概念を理解し、生活に勝利の原動力として適用させる原理を悟ったのは、自ら研究したことでもなければ、私がだれかから学んだことでもありません。聖霊と長い間交わる中で直接教えていただいた奥義でした。ところが、最近になって特に、神様は一日に一時間以上絶えず啓示を与えてくださいました。私は祈祷室に入って一時間以上神の御声をくり返し聞きました。あまりにも感激的で、私の霊（霊魂）を揺り動かす、そのような神の啓示でした。それで私はもう一回そのような啓示を皆さんと分かち合いたいと切実に思い、この本を書くことにしたのです。

聖書は「見えるものは目に見えるものでできたのではない」（ヘブル一一章三節）ということを教えています。

私たちが目で見る三次元のすべての世界は、そのもの自体が進化して造られたものではありません。ダーウィンの進化論は、三次元の世界は自ら進化してきて、さらに進化していくと話しています。しかし、聖書は、目に見える三次元の世界は自ら進化したものではなく、目に見えない、三次元よりもっと上の次元の力によって変えられ、造られていくと教えています。ですから、見えるものは目に見えるものでできているのではないのです。ダーウィンの進化論では、見えるものは現れたものでできていると言っています。しかし、聖書は正反対に話しています。私たちの感覚的な三次元の世界は、それ自体の進化と発展によって形成されていくのではないということです。神とのこの特別な学びはさらに深く、継続していきました。

見ることのできない四次元世界の奥義

ある日、神に切実に祈る時、心の奥深いところから聖霊の強い感動が伝わってきました。心の中にこんな御声が聞こえてきました。

「チョー・ヨンギ、一次元とは何か？」

「はい、一次元とは、二つの点の間に線を引いたものです」

神は直ちに答えてくださいました。まるで若干の笑みを浮かばせておられるようでした。

「違うよ」

「え？　一次元とは線ではありませんか？」

「そうだ。一次元は、二つの点の間に線を引くが、厚さも、広さもあってはならない。一次元は厚さと広さのない線だから、それは仮想的な線なんだ」

「そうですね、神様！」

瞬間、目が開かれました。もし鉛筆で線を引くと、引かれた線の鉛筆の芯ほど厚さができます。すると線を引いた瞬間、引かれた線は一次元でなくなります。厚さができたので、正確に言うと二次元になります。引かれた分ほどの、とても長い平面になるのです。そういうわけで一次元は絶対に厚さもなければ、平面もない線にならなければならないので、一次元的な概念の線は、仮想の線になるのです。

ですから、私たちが表現して描く一次元は、描く瞬間、運命的に二次元の中に入ってしまい、支配されるようになるのです。しかし、そのような状況を一次元の立場から見ると、一次元は二次元を内包した一次元として理解されます。

同じ原理で二次元は平面ですが、私たちが平面を描く瞬間、もうすでに一次元的な線に厚さができたので、数学的な理解では二次元ですが、顕微鏡で見ればわかると思いますが、実際的には三次元の立体になります。一次元と同じく、二次元である平面も実際には仮想的な平面になります。全く厚さのない平面が二次元です。それも仮想的です。そうならば、二次元は運命的に良くも悪くも三次元に属して支配されます。二次元の立場では三次元を含む二次元になるのです。

そうなると、三次元は面で作られる立体ですが、立体を作る瞬間に空間が入ってくるので、完全な三次元ではありません。三次元的な立体概念も仮想の存在になります。

したがって、三次元は、運命的に四次元の支配を受けながらも、四次元である時空間を含めるようになります。言い換えると、三次元は四次元を含んだ三次元になるのです。

ですから、三次元は立体、つまり、時間と空間を含んでいて、時間と空間ができると同時に、すでに空間は無限に属し、時間もやはり無限に属します。つまり、空間は無限に属しながらも無限を含んだ空間になり、時間は永遠に属しながらも永遠を含んだ時間になるのです。空間には無限が入っていて、時間には永遠が入っているのです。それで四次元は、三次元の空間に時間が加えられてできる時空間の世界だと言えます。感覚的な世界を飛び越えた霊（霊魂）の世界、霊的な世界なのです。

永遠と無限の主人は、神です。神自体が永遠であられ、無限であられます。聖霊はそのことに対して私たちにはっきり語られ、悟らせておられます。

「わたしは遠く離れたところにいる存在ではない。あなたがたはあなたがたなりに密かに話したのを、わたしが知らないと思い、あなたがたの座って立つことをわたしが見ていないと思っている。しかし、それは間違っている。わたしはあなたがたの心臓よりももっとあなたがたの近くにいる存在だ」

人は立体的な存在です。人は三次元の世界に属しているので、三次元ができると直ちに運命的に四次元に属するようになり、四次元の支配を受ける存在として造られたのです。したがって、立体的な存在である私たちは、三次元という空間ができながら無限が私たちに入っていて、時間ができながら永遠が私たちに入っているのです。

それは神を信じる人にも、そうでない人にも、すべての人に当てはまる原理です。ですから、三次元的な立体である人間は、無限と永遠に支配されてしまう存在として創造されたのです。ですから、私たちは座っても立っても神に支配されるようになっています。そのような原理は、神を認識する重要な手がかりです。高い次元が低い次元を含んで治めるということは非常に科学的な理知です。一次元は二次元に、二次元は三次元に、三次元は四次元に属しています。ですから、永遠であり、無限な存在でおられる神が、私たちが生きる三次元を始めとして、すべての世界を支配しておられるのです。

四次元に属した神が造られた三次元の世界

聖書は、「神はすべての中におられて、すべてを超越しておられる」と語っています。このみことばを「次元の概念」に合わせて解釈すると、このようになります。四次元は三次元の中にありながらも三次元を超越し、三次元は二次元の中にありながらも二次元を超越し、二次元は一次元の中にありながらも一次元を超越します。したがって、四次元は時間と空間の中にありながらも時間と空間を超越します。

それなら四次元は霊的な世界です。創世記は、「地は形がなく、何もなかった。やみが大いなる水の上にあり」（創世記一章二節）と記録しています。創造されたこの世界は三次元の世界です。そして、その三次元の世界を聖霊が、まるで親鳥が卵を温めるように動かされました。聖霊は無限であり、永遠であられる神の姿です。そうやって聖霊が動かされると、三次元の世界に創造的な御働きが起き始めます。

神は仰せられました。

「光よ。あれ」（創世記一章三節）

すると、光ができました。存在する何かが変わったのではなく、何もない無の状態から光が創造されたのです。続けてまた仰せられました。

「大空よ。水の間にあれ。水と水との間に区別があるように」（創世記一章六節）

すると、大空の下にある水と、大空の上にある水とが区別されて、その大空を天と名づけられました。大空の創造もやはり「無いもの（無）」から、見える美しい世の中「有るもの（有）」として造られたのです。三次元世界自体が進化したのではなく、四次元に属した聖霊が直接創造されたのです。

四次元は霊的な世界です。人間は霊（霊魂）を持った霊的な存在なので、三次元の世界にいながら四次元に属する存在です。人間の霊は神の存在には比べられないようなものですが、神のかたちに似せて造られたので、永遠と無限が何かは知ることができます。人間の肉体は土に帰りますが、霊は天国に行くか、それとも地獄に行って永遠に存在するようになります。そのような四次元的な意味から見ると、人間という存在は永遠に生きる存在です。人間の霊は三次元である肉を治めます。その霊が傷つくと肉体が病み、人の霊が力づくと肉体が健康になります。

人の霊は人間の肉体のある一つの部分に根ざしているのではなく、私たちの全身に満ちています。四次元は三次元を含んでいながらも三次元の中に存在しないからです。人間の霊（霊魂）は体の中にありながらも三次元の支配を受けるのではなく、肉体を飛び超えています。

使徒ヨハネはパトモス島で、確かに体の中にいながらも体を離れて天上に上り、天の栄光をすべて見ました。ヨハネ自身もやはり、自分が見たとおりにヨハネの黙示録を書いたのです。動物は肉を超越することも、考えることも、言葉を発することもできません。なぜなら、霊がないからです。

驚くべきことではありませんか？　霊は四次元に属したものなので、三次元にありながらも三次元を超越します。私たちは体の中で生きていますが、三次元である体が死んでも、霊は三次元を超越しているので、そのまま肉体を離れてイエス様のもとに行くのです。

四次元の支配を受ける三次元の人間世界

コロサイ人への手紙一章一三節は、「神は、私たちを暗やみの圧制から救い出して、愛する御子のご支配の中に移してくださいました」と話しています。このみことばは、私たちが救われた時、悪魔の四次元から救い出されて、神の聖なる四次元へ移されたという意味であり、神が暗やみの力から私たちを救い出されて、神の子の国である聖なる国へ移されたという意味なのです。つまり、四次元的な存在は神と人間、サタンなのですが、現在私たちは同じ四次元の中でも一番低い四次元に、悪魔は中間の四次元に、神は一番高い四次元におられるのです。四次元は三次元を支配するので、人は三次元の世界を支配しています。また人は霊的な存在なので、発明や発見などを通して三次元を変えることもできます。

サタンも四次元に属する存在です。それで三次元、つまり、人間を支配しようとし、捕らえた人間を通して神が造られた創造世界の中であらゆる悪いことを行います。

人類の歴史の中には、独裁者や何とも思わずに悪を行う人たちが登場しました。彼らはサタンに支配され、彼らの考えと霊がサタンの命令どおりに動いてそのようなことをしでかしたわけです。

ドイツのヒトラーを支配したサタンは、ユダヤ人六百万人を殺害し、ヨーロッパを完全に破壊させようとしました。結局ヒトラーは敗戦の窮地に追い込まれると、拳銃で自殺してしまいました。第二次世界大戦前、帝国主義であった日本でも、天皇や指導者らの中にサタンが入り込み、アジア大陸をのみ込もうとする計略を立てさせ、戦争を起こして大勢の人々の血を流しました。それだけではありません。悪魔はイエス様の弟子だったイスカリオテ・ユダの内に入って行き、銀貨三十枚で神の子を売り渡しました。そのように神に属していなければ悪魔的四次元に属し、その影響を受けるのです。

しかし、イエス様を救い主として受け入れた人は、イエス・キリストの血潮を通して人間的四次元、悪魔的四次元から救い出されて、永遠の神の四次元に入るようになります。救われた人は神の四次元を通して永遠のいのちを得るようになります。

そして、私たちの霊と心と考えは、神の四次元で満たされるようになるのです。

まず四次元の霊的世界を動かそう！

イエス様を信じて、聖い霊的四次元に移された私たちはどうすれば良いのでしょうか？ これから私たちは、この四次元の世界をどのようにして動かし、どうすれば良い結果を生むことができるのかを考えなければなりません。

三次元は四次元によって変わります。霊が物質を支配します。見えるものは目に見えるものでできたのではありません。救われた人たちはイエス様を救い主として受け入れた瞬間、神の統治を受けるようになります。信じる人の三次元世界には、聖霊が来られて霊（霊魂）の中に満ちておられます。そうして、いつも神の支配下に置かれるようになります。それで私たちは神なしでは何もできません。

私たちの内に神がおられるのですから、もしわいせつな雑誌や映像などを見るならば、神と一緒に見なければなりません。盗み、詐欺を働いても神と一緒にすることになります。

ですから、もう耐えられなくなるわけです。自分の内におられる神がそれを黙って見ておられるでしょうか？

神は三次元の中に入って、その永遠さと無限さを私たちに伝えておられます。私たちは神を通して三次元を支配できる力を得ます。その力は、まさに夢です。頭が良くて勉学に長けている人ではなく、夢を抱いている人が三次元の世界を変えられます。神は私たちが夢見ること、それを育ててかなえることを望んでおられます。そして、神がすでに許された祝福としての生を楽しみながら、父に栄光をささげることを望んでおられます。私たちの考えと心と行動を神の四次元で満たしてください。あなたは以前には経験できなかった新しい生を楽しむようになるはずです。

2章 四次元を変える四つの要素

四次元霊的世界への招き

2章 四次元を変える四つの要素

四次元の世界は何で動かされるのでしょうか?

そのためには考え、信仰、夢、言葉という四つの要素が必要です。それを正確に知り、正しく持つ時、私たちの人生は変わります。たくさんの祈りをささげればかなえられるわけではないのです。祈りは必要ですが、まずは見えない四次元の世界に変化をもたらさなければ、見える世界である三次元の世界が変えられないのです。

一次元は存在して間もなく二次元に属し、二次元も存在して直ちに三次元に属し、三次元も造られて直ちに良くも悪くも四次元に属すようになります。したがって、一次元を変化させるためには二次元を、二次元を変化させるためには三次元を変化させなければなりません。それは究極的に四次元が変えられなければ三次元の人生は変わらないことを意味します。四次元の変化はそれを成す四つの要素である、考え、信仰、夢、言葉をどのように用いるのかにかかっています。私たちはこの四つの要素を学んで三次元を変えなければなりません。では、それらをどのように、またどのような方法で変えることができるでしょうか?

一番目の要素――考え

神は人間に、四次元を変えることができるように、まず第一に「考え(Thinking)」を与えられました。考えそのものは三次元的に計算することができません。ただ四次元でだけ現れるものです。それは厚さもなければ、広さもなく、見えないものだからです。考えは永遠であり、無限です。

人間の想像力は、四次元に属しています。「考え」に起きた変化は、三次元に反映されます。聖書のみことばのように、見えるものは目に見えるものでできているのではありません。四次元の要素である考えが否定的な人は、三次元に否定的なことが起きます。頭の中で「私は駄目だ」、「私はできない」、「私は不幸で悲しい」などという考えを持つと、それが結局は三次元である体と生活と仕事上にそのまま現れるのです。人間の体とすべての世界は、この「考え」を通して現れるようになっているからです。

ですから、肯定的な考えを持つ人は、いつもその人の三次元には肯定的な出来事が起きます。「私は健康だ」、「大丈夫だ」、「幸せでうれしい」などの考えが、三次元に影響を及ぼします。

例えば、私が誰かを憎むことを決めて、その憎もうとするプログラムを考えの中で持っていると、それはそのまま三次元に影響します。他の人を憎むと、自分が先に傷つけられます。そのような理由でイエス様は、「敵を愛しなさい」と話されたわけです。敵を愛し、赦し、その人のために祈るのは、ある意味で敵のためではなく、自分自身のためなのです。敵を憎むと、自分自身の三次元に破壊が起きるからです。聖書は、「心のうちでは勘定ずくだから」（箴言二三章七節）と教えています。誰かが悪くなることを望んでいると、その考えのメッセージは三次元に記録されて、自分が先に悪くなり始めます。ですから、自分の頭の中に否定的な考えを持つと、人に害を及ぼす前、自分自身にその命令が先に伝達されます。そのように私たちは、何を考えるのかが大切です。他人を非難し、悪口を言うと、その考えは自分に記録されて、その人の三次元の世界は否定的な命令を受けるようになります。ですから集まっては互いに相手の欠点を言い合ったり、悪口を言うと、体がすっきりしないだけでなく気分まで悪くなるのは、すべての否定的なものが命令として伝達されて、そのまま自分に向かってくるからです。

四次元の世界は、「あなた」と「私」の区別がありません。ただメッセージだけがあります。四次元の世界では、そのメッセージが考えの中に記録されると、一番近い自分の体、生活の中に影響力を及ぼします。秘密はありません。神の御前、すなわち四次元の世界では、すべてが裸になったように、ありのままが見えてきます。

私たちがもし間違った考えを持ったのなら、「新約聖書」と「旧約聖書」という一つの薬を通していやされなければなりません。神のみことばは四次元に属したものです。神は、「わたしのことばは霊であり、いのちです」と話されました。みことばは人々の考えを正す力があります。みことばによっていやされると、私たちの三次元が変わり始めます。

私は四七年間の牧会を通して「教会はできない」と思ったことは、たったの一回もありませんでした。「教会はできる」、「信徒は集まってくる」、「奇跡は起きる」と思いました。すると、私の四次元の中から、この肯定的なメッセージが三次元に送られていきます。それなので私の牧会は、いつも私が心から信じている通りにかなえられました。聖書の「あなたの信じたとおりになるように」というみことばのように、信仰通りの結果を見てきました。私が考えたことが私の三次元世界でそのままかなえられたわけです。信じる人々は聖書の四次元、つまり、聖書のみことばに従って考えを変えなければなりません。そうすれば、神の創造的な奇跡が起きるようになります。

二番目の要素―信仰

四次元を変える二番目の要素は、「信仰（Faith）」です。信仰は、四次元の世界から三次元を変える強力な力です。聖書も「あなたの信じたとおりになるように」、「できるものなら、と言うのか。信じる者には、どんなことでもできるのです」と教えています。

そしてイエス様も「この山に『ここからあそこに移れ』と言えば移ります」と心で疑わずに信じればその通りになると話されました。なぜなら信仰は四次元に属し、山は三次元に属しているからです。三次元にあるものはいくら大きなものでも、自分から何かをすることはできません。それを動かす四次元が変わらなければ、それに属した三次元も変わることができないのです。イエス様も四次元の信仰を通して三次元の奇跡の数々を起こされました。そうすると信仰はどこから出てくるものなのでしょうか？　聖書は、それは神から来ると話しています。イエス様を信じない人も信念によって働きます。信念も一種の信仰であると言えます。しかし、信念は三次元的な信仰です。

動物には霊がないので、信じることができません。霊（霊魂）を持った人間だけが信仰を持つことができます。そして、聖霊による信仰でなければ、三次元を動かすことはできません。

信仰はあってもなくても良いものではありません。なくてはならない絶対的なものです。ですから、私たちは信仰によって生き、その信仰をいつも告白しなければなりません。

私は車に乗っている時も、どんな時も、いつも自分自身をプログラミングします。

「私を救ってくださったイエス様を信じます」、「イエス様の血潮によって罪が赦されたことを信じます」、「病がいやされることを信じます」、「祝福されたことを信じます」、「私は復活し、永遠のいのちが与えられ、天国を得たことを信じます」、「私は神様の所有された民であることを信じます」と告白します。このように私は自らをいつも信仰の言葉で満たします。皆さんもそのように実行してください。そして見守ってください。信仰のプログラミングをするあなたの生は必ず変えられるはずです。

三番目の要素—夢

四次元の世界をプログラムする、もう一つの要素は、「夢（Dream）」です。神は「夢のない民は滅びる（幻がなければ、民はほしいままにふるまう。／箴言二九章一八節）」と話されました。夢がなければ、つまり、四次元がプログラミングされていなければ、三次元には希望がありません。神様を信じていない人たちも、その中で夢を持っている人が世界を変えていくのではありませんか？　それならば、夢の世界を握っておられる神様にあって見る夢は、もっと強力な力を持つようになるはずです。私たちは世界を飛び越えて、すべてを動かすようになるはずです。ここで話しておきたいことがあります。神様にあって見る夢は、個人的な欲望や野望とは全く違います。それらはサタンの影響を受けた夢です。私たちは神の夢がそれらとは全く異なった夢であることを悟らなければなりません。

ナポレオンには幼い頃から、全ヨーロッパを統一するという夢がありました。その結果ナポレオンは、全ヨーロッパを大いに揺るがしました。ヒトラーは、全ヨーロッパをアーリア民族で支配するという夢を持っていました。野望と言い換えてもいいでしょう。

もちろんたくさんの血の代価を払った愚かな夢でしたが、結局全ヨーロッパを焦土化させました。マルクスやレーニンの夢は、全世界を共産化させることでした。それは二次元にある東ヨーロッパを占領し、アフリカとアジア、そして、全民族に紛争を起こさせて、結局は滅びました。

弱い夢は強い夢に負けます。人間の夢より悪魔の夢が強く、悪魔の夢より神の夢が強いのです。ですから私たちは聖霊によって神の夢を持たなければなりません。夢は聖霊から与えられるものです。聖霊を通して自分の心を聖い夢でプログラミングしなければなりません。

人の未来は、その人がどんな夢を語るのかを聞けばわかります。私が五つの福音と三つの祝福の原理を絶えず主張するのには理由があります。それは十字架を通して夢を育ててあげるたす。魂（霊魂）に幸いを得ているようにすべてにおいて幸いを得、また健康で強い夢を植えてあげるのです。

現実がいくら困難な状況でも、その心に夢があるならその夢は三次元を支配し、状況を変化させます。四次元の夢は三次元の世界を開花させます。正しい夢でしっかり誘導すれば、それは変えられます。死はいのちへ、無秩序は秩序へ、暗やみは光へ、貧しさは豊かさへ変わり始めるのです。変化は四次元の世界から来るものです。

私たちは夢をかなえるため、一生懸命に祈るようになります。祈る時もやはり四次元を動かすプログラムをしっかりイメージして祈ってください。そして断食しながら祈ってください。四次元世界を明確にするためです。

しかし、断食自体で神のみこころを変えられると思ったら、それは大間違いです。断食によって自分が先に変えられると、四次元の世界が変わるように神が働いてくださるのです。つまり、私たちの四次元の器が変えられると、神が働いてくださるのです。断食しながら祈る、最善の努力を尽くしてください。皆さんの夢はもはや夢ではなく現実になります。

四番目の要素—言葉

四次元の四番目の要素は、「言葉（Word）」です。私たちは言葉を通して、人間だけが持つ四次元的特性を最もよく表現することができます。人間は言葉を持っているので、文明を作り、発展させることができます。いくら力の強い動物だとしても、文明を作り発展させることはできません。なぜなら動物は、四次元の要素である言葉を持っていないからです。

聖書は、「自分の言葉で自分が捕らわれる」、「人はその口の結ぶ実によって腹を満たし」、「死と生は舌に支配される」と諭しています。死ぬことと生きることは三次元ですが、舌は四次元です。言葉の力（権勢）がどれほど大きなものなのかを舌で話すからです。そういうわけで、成功した人は言葉に気を付けます。言葉を聞いてみると、その人の三次元の様子がわかります。成功する人は、望むことがもうすでにかなえられたと言います。一方、失敗する人は、言葉からもうすでに失敗を話します。聖書は救いを受けるのも「言葉で認めなさい」と教えています。ですから私たちは、「主の十字架によって私は救われて、いやされて、祝福を受けた」という言葉を宣言しましょう。

また、四次元において「駄目になる」と言っておきながら、三次元での成功を期待するのは無駄なことです。地でつなぐと天でもつながれ、地で解けば天でも解けるというみことばも、言葉によってつながれ、また解かれることを語っています。否定的な言葉を言うことは、自分の四次元を否定的にプログラミングすることです。他の人をさばき、批判し、悪口を言う人は、自分の四次元をそのようにプログラミングするので、三次元において悪口が自分に帰ってくるのです。したがって、どのような言葉を口にするのかはとてつもなく大事なことなのです。

それなら、どうすれば言葉を変えることができるでしょうか？　神は聖書のみことばを通して私たちが変えられるようにしてくださいました。神のみことばは霊であり、いのちです。聖書のみことばを暗唱し、話すことは、四次元にものすごく良いプログラミングをすることです。牧師が講壇で神のみことばを証しすることは、聞く者の四次元をひっくり返す強力な力となります。ですから、神のみことばに聞き従う人は、人生全体が根こそぎ変わる、奇跡の御働きを体験するようになります。あなたもその主人公になってください。今からでも決して遅くはありません。

あなたの四次元の霊的世界はどうなのか？

今日、個人や社会、家庭のすべての領域に悪魔が入り込み、むなしくて深いやみにしてしまいました。どうすれば良いのでしょうか？　四次元の考えと信仰、夢、言葉を通してそれらの環境を孵化させなければなりません。そうすればすべてが変えられます。私たちは自分が何を話し、考え、信じて夢見ているのかを点検する必要があります。そして、それは三次元の世界を揺るがし、変化させる四次元の世界であることを知るのです。

私たちの人生と仕事、事業、そして牧会が成功するためには、四次元の要素のどんな部分を、どのように変化させるべきなのかを計画しなければなりません。その考え、信仰、夢、言葉のどれを変えたらよいのかを知りましょう。足りない要素を、神のみことばと聖霊の力、そして祈りの力によって変えて栄養分を供給すれば、四次元の世界は変えられ、その結果、三次元の世界にある私たちの人生が変わるようになるのです。

以前、神が私に「四次元の霊的世界」について啓示され、それを本にしました。まずは英語で執筆し、アメリカ、南米、ヨーロッパ、アフリカの人々がとてつもなく大きな変化を経験しました。

今回新しく執筆した『三次元の人生を支配する四次元の人』は、四次元の世界をもっと理解しやすくし、生活に直接適用できるように構成しました。私は幾何学や数学に関する詳しい知識はありませんが、神を通して一次元は仮想的な線であり、運命的に二次元に支配されているということ、二次元は存在するなり三次元が支配し、三次元は存在するなり四次元に支配されるということを学び、悟りました。従って、人間という存在は生まれるとすぐに四次元を治められる神に支配されます。ですから、私たちは何をしても神と共にするべきなのです。

イエス様を信じる人たちがそのことも知らず、神とは遠く離れていると思うのは、愚かなことです。私たちの祈りは一つも地に落ちることなく、神がすべてを聞いて答えてくださることを知り、信じるべきです。また、救われた人たちは聖霊を通して直接的に支配されて、イエス・キリストの福音と祝福に満たされています。そのことを知り、信じ、夢を見、話す人は、魂（霊）だけでなくすべての点でも幸いを得ているのです。それは神がすでに私たちに約束してくださっていることです。


ところが、信仰を持ちながらもそうなれない理由は、四次元をプログラミングしていないからです。ですから、私たちは聖書のみことば通りに考え、信じ、夢を見て、話しながら行動する四次元のプログラムを生活に取り入れましょう。そうすれば、私たち皆に驚くべきことが起きます。

祈りも、同じようにプログラミングする時、その力が現れます。祈りとは、新しくプログラミングされた四次元の要素を、神の国にささげる作業です。そのようにして神に祈ると、私たちの信仰通りにかなえてくださるのです。

聖書は神の信仰通りではなく、「あなたの考え通りに、あなたの信仰通りに、あなたの夢通りに、あなたの口の言葉通りに」と言いながら責任を課します。それは、四次元を私たちがプログラミングする時に神が働いてくださるという意味のみことばです。それで「主の祈り」で「みこころの天になるごとく地にもなさせたまえ」と言うわけです。また、「試みにあわせず、悪から救い出したまえ」と祈るのも、そのような理由です。

神は、アダムが地を動かせるほど四次元世界をプログラミングできるようになさいました。「地を従えよ。支配せよ」と話されました。また詩篇八一編一〇節では「あなたの口を大きくあけよ」とあります。ここで言う「口」とは四次元のことで、私たちが四次元をプログラミングすれば、神が助けてくださると約束されているのです。

これまで説明してきた四次元の霊性を実行するなら、私たちの人生は変わるようになります。信徒たちと集まって話す時に、他の人の悪口を言うよりは、自分の四次元をどんなものでプログラミングすれば良いのかを互いに話し合ってください。

私たちは神の御前で隠れることはできません。四次元の神の御前にすべてさらけ出され、統べ治められた存在です。私たちが四次元の世界を十分にプログラミングすれば、祝福が注がれるようになります。今からでも遅くありません。今この瞬間から新しくプログラミングしてください。新しい人になれるはずです。成功するようになっています。聖霊のプログラムをみことばを通して受け入れると、創造的な御働きが起きます。この真理は実に奥深いものです。神が教えてくださったからです。皆さんの生活と環境の中で、この真理を実際に体験することを願います。あなたの四次元である考え、信仰、夢、言葉を、祈りとみことば、聖霊によって訓練させてください。あなたの人生はすでに変えられています。

四次元の霊性自己診断

あなたは四次元の霊性を持った人ですか？

今まで四次元の霊性とは何かを学んできましたが、ここでは自分は四次元の霊性を持っているか、自己診断してみましょう。項目ごとに自分に当てはまるかを答えてください。その結果、自分に足りない部分がわかったら集中的にトレーニングしましょう。

チェック項目

全く違う ⟷ 非常に合っている

1．神を黙想しながら一日の日課が始まる。	1	2	3	4	5
2．毎日欠かさず、聖書を読み、祈る習慣を持っている。	1	2	3	4	5
3．日常生活の中で、自分の期待以上に神の導きを経験する方だ。	1	2	3	4	5
4．祈りや対話の中で聖書のみことばを引用したり、聖書的な言葉を使おうと努力する方だ。	1	2	3	4	5
5．すべてにおいて否定的な面より肯定的な面を考えようと努力する。	1	2	3	4	5
6．難しい問題が起きると、人間的に悩むより、祈りとみことばの黙想を通して解決しようとする。	1	2	3	4	5
7．自分の願うことが、人間的な野心なのか聖書に符合するものなのかを点検したりする。	1	2	3	4	5
8．相手を励まし、ほめるのが得意な方だ。	1	2	3	4	5
9．誰かが間違いを犯しても、怒るより耐え忍ぶ方だ。	1	2	3	4	5
10．周りに一緒に祈る人が二、三人以上いる。	1	2	3	4	5

自己診断の方法

各チェック項目ごとに自分に最も当てはまると思える点数を書き込んでください。チェック終了後、同じ列の数字を合わせて「合計」欄に点数を記入しましょう。一般的に該当事項ごとに合計した点数が20点以上だとすぐれており、10点以下だと劣っていると診断できます。

チェック点数										合計点
1		5		9		13		17		考え
2		6		10		14		18		信仰
3		7		11		15		19		夢
4		8		12		16		20		言葉

11. 神が自分に与えられたビジョンと賜物を知っている。	1　2　3　4　5
12. 話す前に十分に考え、相手が受け入れやすいように話す。	1　2　3　4　5
13. 自分の考えの中で否定的な要素（不安、怒り、劣等感など）を意識して祈る。	1　2　3　4　5
14. いったん祈りだすと、かなえられるまで忍耐しながらあきらめない方だ。	1　2　3　4　5
15. 夢をかなえていく過程で、具体的な祈りと準備をしている。	1　2　3　4　5
16. 普段話す時、繰り返し肯定的な言葉を使う方だ。	1　2　3　4　5
17. 自分はわりと祝福された者だと思う。	1　2　3　4　5
18. 早天祈祷会、徹夜祈りなど、さまざまな集まりに一生懸命に参加する。	1　2　3　4　5
19. 自分の夢を周りの人に告白し、祈りを要請している。	1　2　3　4　5
20. たまに予測できない事態にぶつかる時も、否定的な言葉を使わない方だ。	1　2　3　4　5

＊引き続き２部を読むことで、四次元の霊性を体系的に悟るようになり、もっと具体的に自らを自己診断することができるはずです。

二部

あなたの中の四次元霊的世界を変えましょう！

二部　あなたの中の四次元
霊的世界を変えましょう！

①考え

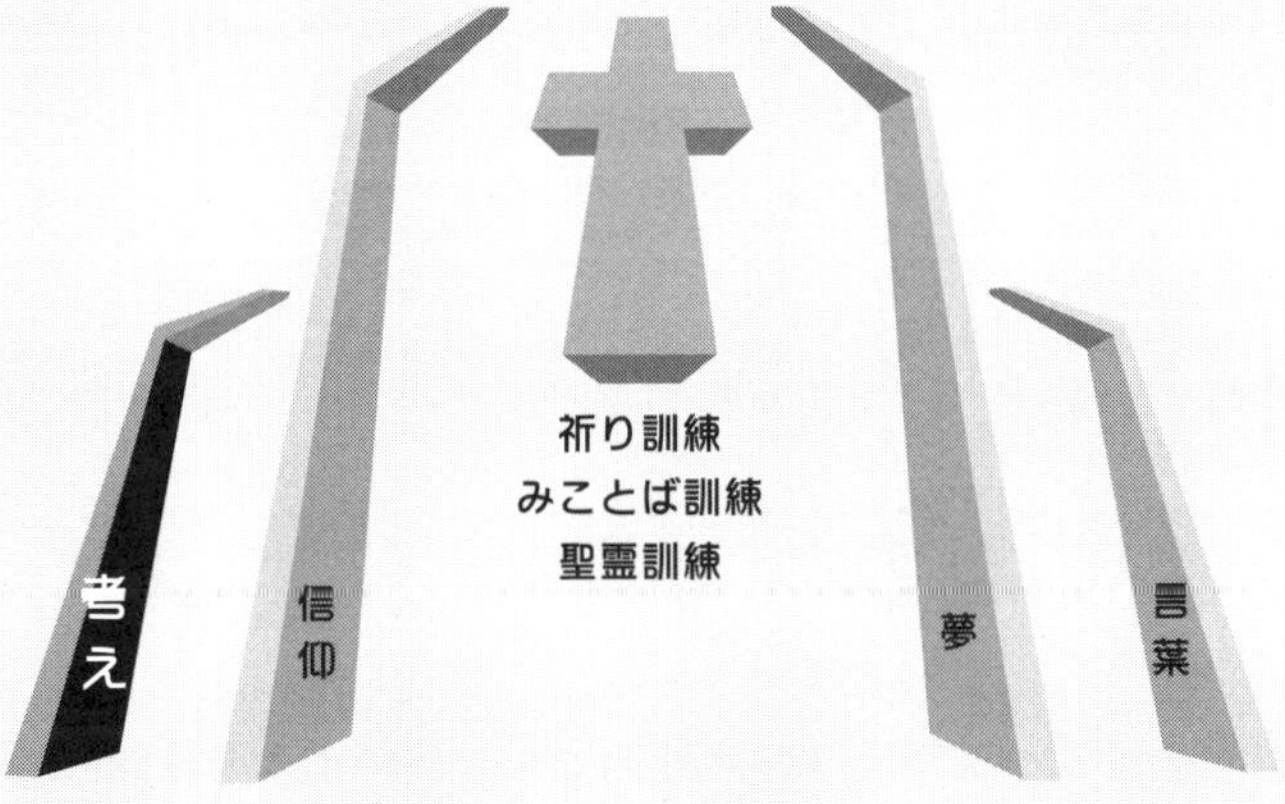

① 神の方式どおりに考えましょう。
② 考えを肯定的なプログラムに変えましょう。
③ 考えの否定的体質を把握し、支配しましょう。
④ いつも五つの福音と三つの祝福を考えましょう！

あなたの中の四次元霊的世界を変えましょう！

1章　考え

あなたの四次元の考え、このように変えましょう

肉の思いは死であり、御霊による思いは、いのちと平安です。（ローマ八章六節）

考えは肉的な考えと霊的な考えで分けることができます。聖書は、人が肉的な考えより霊的な考えをしながら生きるのがどれほど大事なことなのかを教えています。ローマ人への手紙八章五節を見ると、「肉に従う者は肉的なことをもっぱら考えますが、御霊に従う者は御霊に属することをひたすら考えます」と書かれています。生と死を決めるのも「考え」にかかっているという、驚くべきみことばです。

考えは行動に影響を及ぼす

人は何かを行う時に「できる」と思うほど、成功する可能性も高いものです。できないと考えると、行動は消極的なものになる確率が高く、できるという考えを持つと、当然のごとく、行動に加速がつき積極的な行動を取るようになるのです。

人の心理は少しずつ前進を成すというより、ある限界を突破すると、飛躍的に発展する動きを見せます。陸上選手たちの間で、一マイル（約一・六キロメートル）を四分以内で走破できないことが長い間定説となり、「魔の四分」と言われていました。国際的な陸上競技会のたび、最高峰の陸上選手たちでも四分の壁を破ることができませんでした。しかし、その壁がイギリスの陸上選手ロジャー・バニスターによって破られました。

ロジャー・バニスターは、四分台の記録を破るために自分の走り方のフォームや戦略を変える試みをしました。彼はより速く走ることは可能だと信じ、数カ月にわたって自分の走るスタイルを変えるのにひたすら努力しました。そして一九五四年、ロジャー・バニスターは初めて一マイルを四分以内で走りました。驚くことにバニスターがその記録を破った後、全世界の最高レベルの陸上選手たちも続けてその壁を突破できるようになりました。そのようにしてバニスター以降、中距離陸上は発展を繰り返していくようになったのです。

しかしバニスターの場合とは違い、他の選手たちは今まで走っていた方式を変えませんでした。変えたものがあるとすれば、それは、「私もできる」という肯定的な考えに変えたことでした。もっと速く走るのが可能だと信じると、それに伴って行動上の変化が起きたわけです。そのように、あることが可能だと信じるほど、その行動を行える可能性が高くなるということです。

考えは身体反応に影響を与える

考えは身体反応にも影響を与えます。面白い映画や興味を引く本、そして新聞や雑誌の記事を読み、映像や文章によってその場面を想像する時、身体面でも反応が現れます。面白い場面では体は軽く、活発になります。そして、映画の怖い場面を想像すると、心臓の鼓動が早まったり、ロマンチックな場面になると興奮したりもするのです。

それで運動選手たちは実践訓練のため、先に考えの訓練、メンタルトレーニングを行います。考えと身体反応の間には強力な関係があります。監督とコーチは、選手たちが熱くなりアドレナリンがあふれることを期待しながら鼓舞的な演説をします。射撃やアーチェリーの選手たちは、考えを導いて安定感と自信感を得ます。水泳や陸上の選手たちは、競技に参加している自分の姿を想像するように訓練されます。研究結果によると、運動選手たちがそのような生々しい想像をすると、実際に運動をする時に使う筋肉が少しずつ引き締まると言います。

考えは健康に影響を与えたりもします。がんを宣告された患者がどんな考えを持つかによって生存期間が決まると言います。例えば、がんの告知を死刑宣告のように受け入れて落ち込んでしまい、死と葬式ばかりを考える人は、同じ告知を受けても希望を持って肯定的に考える人より長生きすることはできないと言います。

そのように、考えは肯定的な結果と否定的な結果を導く源です。考えは目では見えませんが、三次元の人生を決める四次元の重要な要素です。これから皆さんの考えを次のように変えてみてください。あなたの人生が変わり、とてつもなく大きな結果を生むはずです。

1. 神の方式で考えましょう

単なる楽天主義は、人間的な考えです。みことばの黙想を通して、神の考えに近づいてください。神と話を交わしながら、自分の考えを点検し、省察し、悔い改めて変えてください。

考えは感情と行動、そして身体反応にまで影響を及ぼします。だからといって何でも肯定的にばかり考えることが、人生のすべての問題を解決してくれることではありません。それは人間的な四次元の考えです。大事なのは神の中での四次元的な考えです。聖霊が共におられるみことばと祈りは、三次元の状況を肯定的、否定的、中間的側面から見渡し、新しい結論や解決策を導いてくれる強力な力です。ですから神の主権の中にある考えを持たなければなりません。

みことばに考えを適用させましょう

みことばは偉大な力を持っています。みことばで世界の万物が創造され、みことばを通してすべての奇跡と不思議なみわざがなされました。イエス様も荒野で試みに遭われた時、悪魔の誘惑を直ちにみことばで退かれました。この権能のみことばを私たちの考えにしっかりと適用させるなら、驚くべき変化が起きるようになります。

まずはいつもみことばを読まなければなりませんが、だからと言って読むだけでは不十分です。私たちは必要な時にいつでも武器として使い、宣言できるみことばを覚えていなければなりません。邪悪な霊の勢力に立ち向かう時、聖書のみことばを用いる以上に良い方法はありません。みことばの暗唱計画を立てて実行しましょう。繰り返し覚え、また覚えてください。すでに覚えている聖句も忘れないように持続的に暗唱しましょう。そのようにすれば、聖霊の剣を手に取るようになるはずです。

その次は、みことばの黙想です。聖書は「幸いなことよ。……まことに、その人は主のおしえを喜びとし、昼も夜もそのおしえを口ずさむ」（詩篇一章一～二節）と言います。黙想は、神のみことばを理解し、生活に適用できる役割をします。いつでもどこでも、常に黙想することを心掛けてください。みことばを聞きながらも黙想し、読みながらも黙想し、学びながらも黙想し、暗唱しながらも黙想してください。そうするなら私たちの考えと信仰は日々ますます大きくなっていくはずです。

私たちの教会学校教師であるジョン・ムンシク執事の本を読んで、とても大きな感動を受けました。彼は現在、イレ電子の社長ですが、会社を興したきっかけは、主日を守り、教会学校の奉仕を十分にできるようにするためでした。

彼は主日も勤務しなければならない会社を辞めて、十二年前、個人事業を始めました。十歳の時に父親を亡くし、夜間学校を苦学し卒業し、三年間勤めた会社の退職金五十万ウオン（五万円）を持って、五坪の地下車庫で始めました。しかし、耐えられないほど苦難は続き、いっそ死んでしまいたいと思った時もあったそうです。

そんな絶望の中のある日、彼は、「偽ってむなしいものに惑わされてはならない。肉の環境を見ず、肯定的な信仰によって神に拠り頼み、進んでいきなさい」という御声を聞き、新しい力を得て乗り越えました。彼が挫折と絶望と苦しみを克服できた秘訣は、まさに霊的な食物を正しく食べたからでした。神の御声を聞いて黙想しながら力を得ることができたのです。主日を守り、もっと一生懸命に教会学校に奉仕し、什一献金と宣教献金をささげる生活を送り続けました。また教会学校に奨学金もささげました。そのように主の中に歩み、誠実な生活を送っていた彼は、今では年間千億の売り上げを誇る、国内トップレベルの企業の社長となったのです。

何が彼をそのように変えたのでしょうか？　ジョン・ムンシク執事は、自分の考えではなく、神のみことば通りに考え、生活したのです。彼の成功は私たちに大切なことを教えてくれます。つまり、祝福の源は、神のみことば通りに守り行い、考えるようになる時あふれ出すのです。皆さんの考えを神のみことばで満たすようにしてください。

みことばに似ていく考え

人の考えはラクビーのボールのように、どこに飛んでいくかわからない予測不可能なものです。知識と感情と意志が混ざり合って形成されるからです。そんな不安定な考えを正しい道へと導くことができるのは、神のみことばである聖書です。考えが聖書のみことばにとらえられ、聞き従い始める時に実を結び、三次元の環境が変えられる力として現れるのです。

私たちは聖書を通して考えを変えられます。聖書は生きておられる神の力のあるみことばだからです。ヘブル人への手紙四章一二節は、「神のことばは生きていて、力があり、両刃の剣よりも鋭く、たましいと霊、関節と骨髄の分かれ目さえも刺し通し、心のいろいろな考えやはかりごとを判別することができます」と教えます。

私たちは力を与えてくださる主なる神を通してあらゆる状況を乗り越えられ、何でもできるという信仰を、「私は、私を強くしてくださる方によって、どんなことでもできるのです」（ピリピ人への手紙四章一三節）というみことばを通して得られるのです。あきらめようとする私たちの考えが、このみことばによって変えられるようになるのです。

神は私たちを愛され、ひとり子イエスにより血潮の代価を払われて、私たちにすべてを与えてくださいました。ですから、私たちはこの世、つまり三次元に打ち勝ったイエス・キリストの中ですべてができるという考えを、常に持ちましょう。死の谷間を歩いていても主が私たちと共におられ、主の翼の中にいることを信じる時、私たちは平安を得ます。何も見えず、何も聞こえず、自分の前に置かれた道が真っ暗に見えても、主が私と共に歩んでおられるという確信さえあれば、私たちの考えは肯定的に成長し、すべての挫折と絶望に打ち勝つ力が生まれてくるようになるのです。


考えが変わると実りが現れます。完全なる実は聖書の四次元、つまり、みことばに従って考えを変える時に結ばれます。その時、神の創造的な奇跡が起きます。みことばを通してしっかりつかみ取ってください。あなたの生活と環境の中に神の国がいっぱいになって、いつも勝利を体験するようになるはずです。

聖霊に似ていく考え

私たちがイエス様を救い主として受け入れると、聖霊が私たちの内に内住するようになり、聖霊のバプテスマを受け、聖霊の喜びが私たちの心の中に満ちあふれるようになります。五旬節にマルコの屋根裏部屋に集まった弟子たちに聖霊が臨まれると、弟子たちはしばらくの間、それまで経験したことのない、とてつもなく大きな喜びを体験しました。そして、そのことによって弟子たちはイエス様に従う信仰と愛のエネルギーを充電するようになります。

私たちの心が喜びで満たされている時、「働きたい」という意欲が出てきて、どんな困難が迫っても克服しながら進むことができます。喜びを失い、やる気がなくなると何もすることができません。しかし、聖霊によって満たされ、心が喜びで満ちると、驚くような勇気と喜びが生まれてきます。聖霊が来られて喜びと共に大胆さが与えられると、どんな逆境の中でも力強く福音を伝えることができるようになります。

イエス様を知らないと三回否認したペテロも、聖霊の満たしを受けると一日で三千人を伝道しました。翌日には神殿の美しの門に座っている生まれつき足なえの人を立たせ、五千人を悔い改めさせるなど、たくさんの人々をイエス様のところに導く、偉大な指導者になりました。

心の中に聖霊の大胆さが入ってくると、どんなことがあっても、イエス・キリストを伝えることを恐れなくなるのです。

それは私たちの力ではなく、聖霊の御働きによって可能なことです。イエス様の弟子たちは、漁師や取税人のような愚かで取るに足りない人たちでした。しかし、彼らが聖霊に満たされると、彼らの中から喜びのエネルギーがわき上がり始めました。敗北意識でいっぱいだった考えは勇気と自信と忠誠心に変わり、イエス様を証ししながらエルサレムからユダヤ、サマリヤ、ローマへと、地の果てにまで福音を宣べ伝えるまでになったのです。

聖霊の満たしを受けると、私たちの考えは聖霊に似るようになります。また肯定的で創造的に変わり、何でもできるという信仰で満たされて大胆になるのです。

2. 考えを肯定的なプログラムに変えましょう

どんな問題に直面しても、否定的な考えから肯定的な考えへと変えてください。死に打ち勝たれたイエス様のように、あなたも絶望に打ち勝つことができます。

私は四七年間の牧会生活で「牧会ができない」と思ったことはありません。「教会は成長し、聖徒は集まってきて、奇跡は起きる」と思いました。否定的で挫折させるような考えが生じると、直ちに対抗しました。すべてのことを働かせて益としてくださる神を告白し、肯定的な考えに切り換えました。そうやって私の四次元世界の中にインプットされた良いメッセージは三次元に伝達されて考えが変わり、自信感が生まれて、力のある牧会を営むことができたのです。それゆえ私の牧会は、いつも心に神が描かせてくださった考え通りに実現しました。私が信仰によって考えたものが、私の三次元に反映され現れたのです。

セマウム（新心）運動とセマウル（新村）運動

一九六〇年代の、パク・ジョンヒ軍事政権の時、経済開発運動が起きました。たくさんの人々がソウルに上京しました。何のあてもなく上京した人たちはアヒョン町、ネンチョン町にバラックを建てて生活を始めました。私たちの教会はその地域を「天国一番地」と呼びました。神は私たちが一番大変な時に助けてくださる方だということを知っていたからでした。チェ・ジャシル牧師と私は、そのような環境の中にいる人たちに福音を伝え始めました。私はその時、西大門で強力な聖霊運動を展開しました。

「神が私たちに聖霊のバプテスマを授けてくださり、聖霊を通して異言を話させてくださり、聖霊の九つの賜物を与えてくださいます。聖霊を受けてください」

私はそのように聖霊に満たされて、聖霊の九つの賜物を受けることを熱心に伝えました。そして特に聖徒たちに、心を新しくする「セマウム（新心）運動」を強く展開しました。

そんなある日、パク・ジョンヒ大統領が私をチョンワデ（青瓦台）に呼びました。そして私にこのように聞きました。

「チョー牧師、私たちの民族を新しくして、農漁村を変えられるほどの画期的なアイデアはありませんか？」

私は自信満々に答えました。

「閣下、私たちの考えが変われば、変化は起こります。できるという肯定的な考えを持つように『セマウム（新心）運動』を始めてください。各地域に教会がありますので、その教会を中心として始めれば、驚くような御働きが起きるはずです」

すると大統領はキム・ヒョンオク内務省長官を呼びました。

「チョー牧師が『セマウム（新心）運動』を提案してくださったが、あなたはどう思われますか？」

キム長官はこのように答えました。

「良いアイデアだと思いますが、宗教的な偏りが感じられます。ですから閣下、『セマウム（新心）運動』ではなく『セマウル（新村）運動』に変えた方が良いと思います」

大統領は、キム長官の話をどう思うのかと私に聞いてきました。それで私は、いくら「セマウル（新村）運動」を起こしても、人々の心が変わらなければ絶対に新しい運動は起きないはずだと言いました。そして、心が変わるためには教会を中心として「セマウム（新心）運動」を先に行っていかなければならないと主張しました。結果的にそれは「セマウル（新村）運動」として全国的に広まっていきました。しかし、その核心は、心を先に変えるところにあるので、各地域の教会を中心に「新しい心」を持って始める「セマウム運動」が活発に行われていきました。

私は「セマウム（新心）運動」として希望を宣言しました。コリント人への手紙第二の五章一七節には、「だれでもキリストのうちにあるなら、その人は新しく造られた者です。古いものは過ぎ去って、見よ、すべてが新しくなりました」と記述されています。それで聖徒たちの心の中から否定的な考えをなくさせるため、神の素晴らしさを強調して宣べ伝えました。そして、「肯定的な心を持ってください。できます。やればできます。やってみようという肯定的な信仰を持ってください。私はできない、やれない、やらないなどという否定的な考えはやめてください。そして、奇跡を信じてください」と力強く宣言しました。

その時は生活が大変きびしく、人間の考えでは生きていくことができないほどでした。そのような中で私はこのように説教しました。

「奇跡を信じてください。葦の海を真っ二つに分け、エリコ城を崩された神が、今日、私たちのこの時代にも生きておられます。貧しさは退き、祝福が近づいてくるはずです。信仰によって奇跡を期待してください！」

そして、生きておられる神のみことばを告白し、みことばの中にある信仰と夢を持たせていただきました。ピリピ人への手紙四章一三節の「私は、私を強くしてくださる方によって、どんなことでもできるのです」、ローマ人への手紙八章二八節の「神を愛する人々、すなわち、神のご計画に従って召された人々のためには、神がすべてのことを働かせて益としてくださることを、私たちは知っています」。そして、マルコの福音書九章二三節の「するとイエスは言われた。『できるものなら、と言うのか。信じる者には、どんなことでもできるのです』」など、信仰と奇跡のみことばを何度も繰り返し声に出して宣言させました。

聖徒たちは、最初はぎこちなかったのですが、みことばの食物を食べるほど霊的に強くなり、奥底から込み上がる信仰を体験したことにより、もっと強く福音を宣べ伝える生活を送るようになったのです。

大きな考え、大きな成長

韓国をはじめ、世界中の指導者的な主のしもべたちは、ヨイド純福音教会と弟子たちの教会がなぜそろいにそろって大型教会になっていくのかを知りたがります。何か特別な秘訣があって、それを隠しているのではないのかと疑問視されることもあります。私は、昔のことわざ

「蒔かぬ種は生えぬ」をよく引用して答えたりします。

私の弟子たちは、私がヨイド純福音教会で実践している大規模な牧会のスタイルを見て学び、成長してきました。「できる。やればできる」という私の考えについてきて、牧会哲学を学ぶので、考えが大きくなったわけです。考えは同じ形でとどまるものではなく、大きく成長する性質を持っています。

弟子たちは、蒔かれた種の大きい教会、大規模な牧会を見ながら成長していったのです。考えを成長させることは、成熟の質と量の面に深い関係があります。考えには創造性があるからです。もちろん牧会は、外面的な大きさだけで判断することはできません。農漁村の小さな教会にも当然、神のみこころと摂理があります。なぜここで大きさを論ずるのかというと、考えの大きさが現実を作り出すという話をしたいからです。見て考えるものが小さければ、小さな現実の実を結び、大きな考えは大きな実を結ぶ可能性が高いということです。大事なのは、自分が願う領域について、肯定的でかつ積極的な四次元の考えを成長させることです。しかし、ただ大きな考えをすれば大きな実を結ぶというわけではありません。考えは始まりに過ぎず、その考えに見合った行動が必要なのです。例えば、農夫が秋にたくさんの収穫を望んでいるのに種を蒔かないとしたら、畑は実を結ばず、収穫することはできません。

私の四七年間の牧会生活を振り返ると、考えだけを大きくしたのではなく、その考えを成し遂げるため、血のにじむような祈りと献身、研究と努力を重ねてきました。考えを現実として成長させるためには、私たちの努力と献身が必要なのです。

考えを肯定的なプログラムに変える

聖書は、見えるものが目に見えるものからできたのではないと教えています。見える三次元は、見える三次元の産物ではなく、見えない四次元の影響を受けているということです。従って、四次元の要素である「考え」が否定的な人は、当然、四次元に支配される三次元でも否定的なことが起こり、一方肯定的で積極的な人は、その考えのように三次元でも良いことが起こるようになるということです。

私たちの体は四次元コンピューターの部屋のようなものです。このコンピューターの電源を入れてプログラムを作る材料の中の一つが考えです。考えは四次元の世界に波動を起こします。その波動は三次元に影響を及ぼし、私たちの人生に結果を現します。

この考えがどんなプログラムでできているかによって結果が現れるのです。例えば、憂うつで否定的で病んでいる考えのプログラムは、私たちの生活と体全体に憂うつで否定的なプログラムを伝えるようになります。考えが憂うつや怒りでいっぱいになると、体に対してプログラムが自動的に働き、ストレスによって病が生じます。

しかし、肯定的な考えのプログラムを創造する人は、いつも自分の三次元に肯定的な事が起きます。「私は健康だ」「私は幸せだ」「気分が良い」といった考えが影響を及ぼすので、生活に活気があふれて楽しくなるのです。

そして、積極的な思考方式を持つべきです。「できる」という思考方式です。すべてのことに消極的に「私はできない！　できるわけがない！　私は絶望だ！」などといった考えを持ってはなりません。積極的な人とはできると信じる人で、できないことなど頭にないのです。いつも心の中に信念を持つ人です。あなたも「できる、やればできる、やってみよう！」という思考パターンで目標を設定し、計画を立てて実践し、失敗することを考えないでください。いつも成功することを考えて、七転び八起きの積極的な思考方式を持ってください。

3．考えの否定的体質を把握し、治めましょう

人間の堕落により、罪深い私たち人間の考えは否定的な要素で満ちています。怒り、絶望、不安などを意識的に取り除かなければ、次から次へと大きくなります。

堕落した品性を持つ私たちは、根本的に否定的な考えになりがちです。人間の考えの体質に

は、否定的で破壊的にさせる要素があります。それは私たちの心の中で起きる憎しみや怒り、恐怖、不安、悲しみ、挫折、そして罪悪と世俗の波です。

人生で勝利するためには、考えの体質を変えなければなりません。その体質はどのようなものに影響を受け、どのように染まってしまうのかによって作られます。また順応しやすい体質を持っているので、肯定的で、創造的、生産的な影響を受けるようにしなければなりません。従って、否定的な要素である怒り、恐れ、否定的な環境などに立ち向かっていく必要があります。

怒りを取り除きましょう

怒りは否定的な考えのプログラムの要素です。怒りはまた違う怒りを生み出します。箴言一五章一八節は、「激しやすい者は争いを引き起こし、怒りをおそくする者はいさかいを静める」と教えます。怒りは、神の義を成し遂げられません。怒ってしまうと、破壊的で退廃的な感情が起き、正しい判断ができなくなります。

ヒトラーが戦争に敗北した根本的な理由は、彼の怒りのせいでした。彼は頭脳明晰であり、観察力が深く、鋭い判断力と優れた統治力を持っていました。その反面、頻繁に怒りを表す人でした。少しでも気に入らないと憎しみと怒りを爆発させるので、部下たちは正直な報告ができませんでした。イギリスやフランスなど自由主義陣営と大変な戦争が続いていたにもかかわらず、彼は一時的な怒りによって主力部隊を回してロシアに侵攻しました。そのことがヒトラーのあだとなり、取り返しのつかない大きな過ちとなってしまったのです。

また、連合軍がノルマンデイー上陸を敢行した時も、ロシアへ進む機甲師団だけ回せば上陸を阻止できるとわかっていながら、彼の副官には昼寝中のヒトラーを起こす勇気がありませんでした。起こすと、雷のような怒りが落ちるからでした。

ヒトラーが昼寝から目覚めた時はもうすでに連合軍がノルマンデイーに完全上陸した後であり、それによってドイツが敗北するようになったのです。ヒトラーの怒りが、ドイツ帝国を敗北に至らせたのです。

恐れに打ち勝ちましょう

私たちは心の中で起きる不安と恐怖、そして、悲しみと挫折に打ち勝たなければなりません。それは希望と生気を喪失させ、暗たんたる思いにさせるからです。

ヨハネの手紙第一の四章一八節は、「愛には恐れがありません。全き愛は恐れを締め出します。なぜなら、恐れには刑罰が伴っているからです。恐れる者の愛は、全きものとなっていないのです」と教えています。恐れには罰がついてきます。がんを恐れるとがんが罰としてついてきて、貧しさを恐れると貧しさが、戦争を恐れると戦争が罰としてついてくるのです。

悲しみへの恐れは、心の中から希望を失わせます。悲しみは梅雨のように心をぬらせ、流れ落ちるものです。悲しみが心の中にいっぱいになると、生を否定的なものにさせて、望みを取り上げていきます。私たちの人生は悲しみを避けることができません。すべての人が顔では笑っていますが、心の中には悲しみが雨のように注いでいます。そのように悲しみは、私たちの考えの体質を否定的なものに変える要素なのです。

挫折への恐れも、考えの体質を否定的に変え、夢をあきらめさせます。人生で苦難を受けても挫折せず、克服して立ち上がれるのは、神の中で望みを持つ方法以外にありません。

否定的環境を超越しましょう

私たちは生まれつき否定的な世界にいます。神に罪を犯し、エデンの園から追い出され、このののろわれた世の中に生きているので、全身にのろいが満ちています。ですから、私たちは自然と幼い頃から「できない。やれない。生きることがつらい。苦しい」など、いつも否定的に物事を見て、聞き、話しながら、否定的な物事にどっぷり浸かっているのです。新聞を読んでもテレビのニュースを聞いても、政府の間違った政策、政治家たちの不正、会社で起こる脱税や横領など、否定的なことがまん延しています。テレビで放映されるドラマも、ほとんどが失恋話、家庭崩壊の話などをテーマとした内容です。悲しいドラマを見て一緒にしくしく泣きながら楽しむのですが、本当に良い物語に対してはさほど面白いと思いません。そのように私たちは否定的な環境の下に生まれ、生活し、悪魔が絶えず私たちの心に否定的な考えをつまみ入れています。

そのように否定的な考えに漬かったままでは、本当に成功する人生を送ることはできません。考えは神が働かれる領域です。否定的なことを考えると、肯定的な神の御働きは現れることができないのです。

私は講壇で説教する時、聖徒の霊の中の四次元世界を変える目的でメッセージを伝えます。特に考えの領域を変えさせるために努力します。聖徒たちの考えの四次元を直してあげると、肯定的な実が自然に結ばれるからです。

破壊された四次元の考えは、生を肯定的で創造的に見ることができません。誰であっても自分の無力さと絶望的な環境だけを見ているなら、人生の船は沈没してしまいます。この世の中に自分の無力さを感じない人は一人もいません。ところが、この無能力を過剰に考える人は、生の意欲を喪失し、絶望の泥沼に吸い込まれていきます。一方、自分の無力さや環境を飛び越えて肯定的に、創造的で、生産的な考えをする人は、その考え通りの実を刈り取るようになるのです。

目に見える現実と実像は、異なる場合が多いのです。現在目に見えている城壁は高く、その地に住む民は大きくて、比べると自分がバッタのように見えます。またその地は荒れ果てていて荒野のように見えます。しかし、そのように目に見える現実は、実際とは異なります。私たちが生きているこの地、地球は、現在私たちの目には平坦に見えます。高い山に登って遠くを見渡しても平らです。それで昔の人たちは家から遠く離れないようにと言っていたものです。船に乗って遠い海まで出てはいけないと言われていました。地球は平らだから、地の果てか海の果てまで行くとそこには大きな崖があり、そこから落ちて死んでしまうという先入観があったからでした。しかし、今日私たちはこの地球が丸いことを知っています。そのように、目に見える現実と実像も同じではありません。

また私たちが生活しながら感じられるほどこの地球は揺れたり、振動したりしないため、地球は動いていないような気がします。しかし実際には、地球は猛烈に自転していて、驚異的な速度で地球は太陽を中心に公転しているのです。それを私たちの目で見ることはできず、感じることもできません。

そのように、現実の感覚と先入観を捨てて、環境と感覚を飛び越える「考え」を持つ時、奇跡を体験するようになるのです。考えは環境と感覚より先に進む四次元の要素です。

私たちはイエス・キリストの十字架の中で日々環境を乗り越え、変えられています。十字架は死んだ者を生き返らせる力であり、無から有を生む力であり、絶望を希望に変える主の権能です。十字架を仰ぐことによって作られる環境を超越した肯定的な四次元の考えは、その力を現実にする原動力です。

4. いつも五つの福音と三つの祝福を考えましょう！

あなたはすでに祝福された人です。豊かな意識を持ってください。あなたの考えの倉に、福音と祝福の喜びを入れてください。

私は聖徒たちに五つの福音と三つの祝福を常に考えなさいと教えてきました。聖書はすべてが善で、良くて、ほめるべきであり、肯定的に考えることを教えています。

それで私は、毎日そのような福音と祝福を考えます。

「私は赦されて義とされた人だ」「私は聖く、聖霊に満たされた人だ」「私は病をいやされた人だ」「私はのろいから解放された人だ」「私は永遠のいのちと祝福を楽しむ人だ」

そして、「たましい（霊）に幸いを得ているように、すべての点でも幸いを得、また健康である」と、いつも考えます。それは私の四次元を完全に勝利と成功と豊かさと祝福で満たすと、当然のごとく、三次元もそうなるからです。

皆さんも自らの考えを勝利と成功と豊かさで満たしてください。なぜなら、私たちはすでにそれを持っているからです。

福音と祝福を考えられる根拠

朝鮮戦争の間、私たちの民族はとてつもなく大きな苦難の中にありました。ある時のことです。たくさんの避難民たちが線路に止まっている貨物車に押し寄せては、石炭を盗んでいくのを見ました。その中に十歳ぐらいの子どもを連れた四十代ぐらいの男性がいました。おそらく親子だったのでしょう。当時、石炭を運ぶ貨物車が来るとそのようなことはよくあり、時に軍人たちが現れると、みな貨物車から飛び降りて逃げました。

その日も、多くの人たちがまるでアリのように貨物車によじ登っては石炭を盗み出していました。その親子は、子どもが貨物車の上から石炭を投げると、下で父親が拾いました。ところが、子どもが投げた大きな石炭の塊が汽車の下の方に入ってしまいました。それを引っ張り出そうとした時に軍人たちが現れました。少年は貨物車から飛び降りたのですが、逃げずに、先ほどの石炭を探すため、汽車の下にもぐり込みました。その時汽車が「ガターン」と大きな音を出して走り出しました。

誰もが悲鳴を上げました。私も悲鳴を上げました。しかし、少年を救うために飛び込む人はいませんでした。その時、少年の父親が汽車の下に素早く飛び込み、少年を押し出しましたが、父親は汽車にひかれてしまいました。今もその時の出来事を思い出すと、ショックで目の前が真っ暗になります。その父親は汽車に引かれながらも少年を押し出し、速く安全なところまで逃げなさいと手を振りました。汽車が走り、結局少年の父親は亡くなりました。

その時私は考えました。

「なぜあの父親は走り出した汽車に飛び込み、子どもを押し出すまでして自分の命を捨てたのだろうか？　たとえ子どもが死んだとしても、子どもはまた産めば良いではないか？　どうして彼は自分が死ななければならなかったのだろうか？」

私は当時中学三年生だったので、親の心情を全く理解できませんでした。しかし、父親になった今は大いに理解することができます。そうです。父親の愛には、理屈など関係ありません。愛は死より強いので、子どもを救うために飛び込んだのでした。あの父親は自分を守ることができ、自分一人でも生きることができたのにもかかわらず、子どもを守りたいがゆえに自分を犠牲にしたのです。

神も同じです。私たちをあまりにも愛されるので、すべてを犠牲にしてでも救うことを望まれました。それでひとり子イエス・キリストを送られたのです。神ご自身が肉体を持ってこの世に来られ、十字架に釘つけられました。そのような神の愛を悟り、神が共におられるという確信が持てるようになると、心が大胆になります。四次元の考えに変化が現れるわけです。神が共におられるからできないことがない、という明確な根拠が出来上がるのです。そして実際の生の中で「できる」という考えによって大胆に前進する時、勝利と奇跡を体験するようになるのです。

豊かさの意識の根拠はキリストの復活

私たちがすでに祝福を持っているという豊かさの意識を何で証明することができるでしょうか？　それはイエス・キリストが十字架で死んだ後、復活されたことを通して見つけることができます。ご自分のいのちを死に渡されるまで私たちを愛してくださり、すべてを与えることを望まれる神のみこころが、十字架を通して見えてくるのです。ですからその挫折と絶望の心の中に十字架を抱き寄せると、死とやみが退き、復活と栄光が照らされるようになります。十字架の死と復活がもたらした希望と豊かさの意識は、すべての挫折と絶望の苦い水を甘い水に完全に変えてしまうのです。

ローマ人への手紙八章三五～三九節にはこのように書かれています。

「私たちをキリストの愛から引き離すのはだれですか。患難ですか、苦しみですか、迫害ですか、飢えですか、裸ですか、危険ですか、剣ですか。『あなたのために、私たちは一日中、死に定められている。私たちは、ほふられる羊とみなされた。』と書いてあるとおりです。しかし、私たちは、私たちを愛してくださった方によって、これらすべてのことの中にあっても、圧倒的な勝利者となるのです。私はこう確信しています。死も、いのちも、御使いも、権威ある者も、今あるものも、後に来るものも、力ある者も、高さも、深さも、そのほかのどんな被造物も、私たちの主キリスト・イエスにある神の愛から、私たちを引き離すことはできません」

そのように、イエス様の十字架の力と復活の栄光が私たちを変えて、私たちの心と考えの中にある絶望の苦い水を希望の甘い水へと変えてくださいます。

今まで四次元の霊的世界への最初の要素である「考え」について一緒に見てきました。四次元の考えを肉的にするのか、霊的にするのかによって私たちの人生は千差万別に変わります。この考えの領域が聖なる実を結ぶために大事なのは、まず一番目に、聖霊の導きと支配を受けることです。聖霊はいのちと平安を与えてくださるからです。

私たちの考えが聖霊に捕らわれて、聖霊と共に考えることを学び始める時、私たちが願い求めることの数々が聖霊によってかなえられていきます。考えは互いに影響し合うものですから、私たちが聖霊の主権の下で影響を受けるためには、聖霊を主人として認めた上で聖霊といつも共に考え、共に相談し、共に交わる親密さが必要です。

二番目に、私たちの考えが霊的な呼吸であり、神との対話である祈りで表現されて、考えが祈りによって動かされる時、考えは三次元に実として現れます。祈りは四次元の考えを現実に変える力です。すべての主権者は神なので、祈りによって依頼し、ゆだねて切に求める時、神の答えを現してくださいます。神は人間に、ご自分と交わることのできる特権的な方法を与えられましたが、それが祈りです。神のみこころと考えに捕らえられてささげる祈りこそ、神の心を動かす力になるのです。

三番目は、考えが聖書のみことばに捕らわれるようにすることです。人の考えは、どこに跳ねるかわからないラグビーボールのように、予測不可能なものです。考えは知識と感情と意志を持つことができます。

そのように予測不可能な考えを訓練し、正しい道へ進むように導くものが神のみことばである聖書です。考えが聖書のみことばに捕らわれて、聞き従い始める時、考えは実を結び、三次元の環境を変化する力として現れるようになるのです。そのことを知った私たちは、ここで自分の考えを変えなければなりません。神の考えで満たされた私たちの生は、いつも明るく輝く太陽のような喜びと望みの日々になるはずです。

あなたの4次元の考え

このように変えましょう

1. 神の方式で考えましょう。

根拠のない楽天主義は、人間的な考え方です。みことばの黙想を通して、神の考えに近づいてください。神と会話を交わしながら自分の考えを点検、省察、悔い改めた後、変えてください。

2. 考えを肯定的なプログラムに変えましょう。

どんな問題に直面しても、否定的な考えから肯定的な考えへと変えてください。死に打ち勝たれたイエス様のように、あなたも絶望に打ち勝つことができます。

3. 考えの否定的体質を把握し、治めましょう。

人間の堕落により、人間の考えにはもともと否定的な要素がいっぱいになっています。怒り、絶望、不安などを取り除かなければ、次から次へと大きくなります。

4. いつも五つの福音と三つの祝福を考えましょう！

あなたはすでに祝福された人です。豊かであるという意識を持つことを願います。あなたの考えの倉に、福音と祝福の喜びを入れてください。

＊この表をご利用になる前に

・この表は４次元の霊性の４つの変化（考え、信仰、夢、言葉）の実行力を高める強力なツールです。この本を読み終えた後お用いください。
・１週間に一つずつの指針を実践してください。毎晩一日を振り返ってみて実行できたかどうかを○△×でチェックしてみてください。
・１カ月から４カ月後には、驚くべき変化が見られるでしょう。
　○：変化のために、今日一日のうちで１回以上実践した。
　△：チャレンジはしたが、思ったようにうまくいかなかった。
　×：実践できなかった。

４次元の考え実行点検表

今日あなたの４次元の霊的な世界はどうでしたか？

４次元の考えを変えると３次元の人生が変わる！

考えを変えよう！

1）神様を黙想しながら一日の日課を始めた。
－ 一日の日課を始める前に、みことばの黙想（　　）節、祈りの時間（　　）時間・分を持ってください。

2）今日私が直面した課題について否定的な面より肯定的な面を考えた。
－ 自分の課題について肯定的な要素－（　　）、（　　）があるか考えてみてください。

3）今日私の思いの中で否定的な要素（不安、怒りなど）を意識して祈った。
－ 自分の思いの中で否定的な要素－ 不安、怒り、（　　）、（　　）などについて祈ってください。

4）今日自分のことを救われて祝福された者だと思った。
－「私（　　）は神の子ども」だと（　　）回以上告白してください。

考え

肉の思いは死であり、御霊による思いは、いのちと平安です。（ロマ8：6）

週	実践事項	月	火	水	木	金	土	日
1週	神様を黙想しながら一日の日課を始めた。							
2週	今日私が直面した課題について否定的な面より肯定的な面を考えた。							
3週	今日私の思いの中で否定的な要素（不安、怒りなど）を意識して祈った。							
4週	今日自分のことを救われて祝福された者だと思った。							

二部　あなたの中の四次元
霊的世界を変えましょう！

②信仰

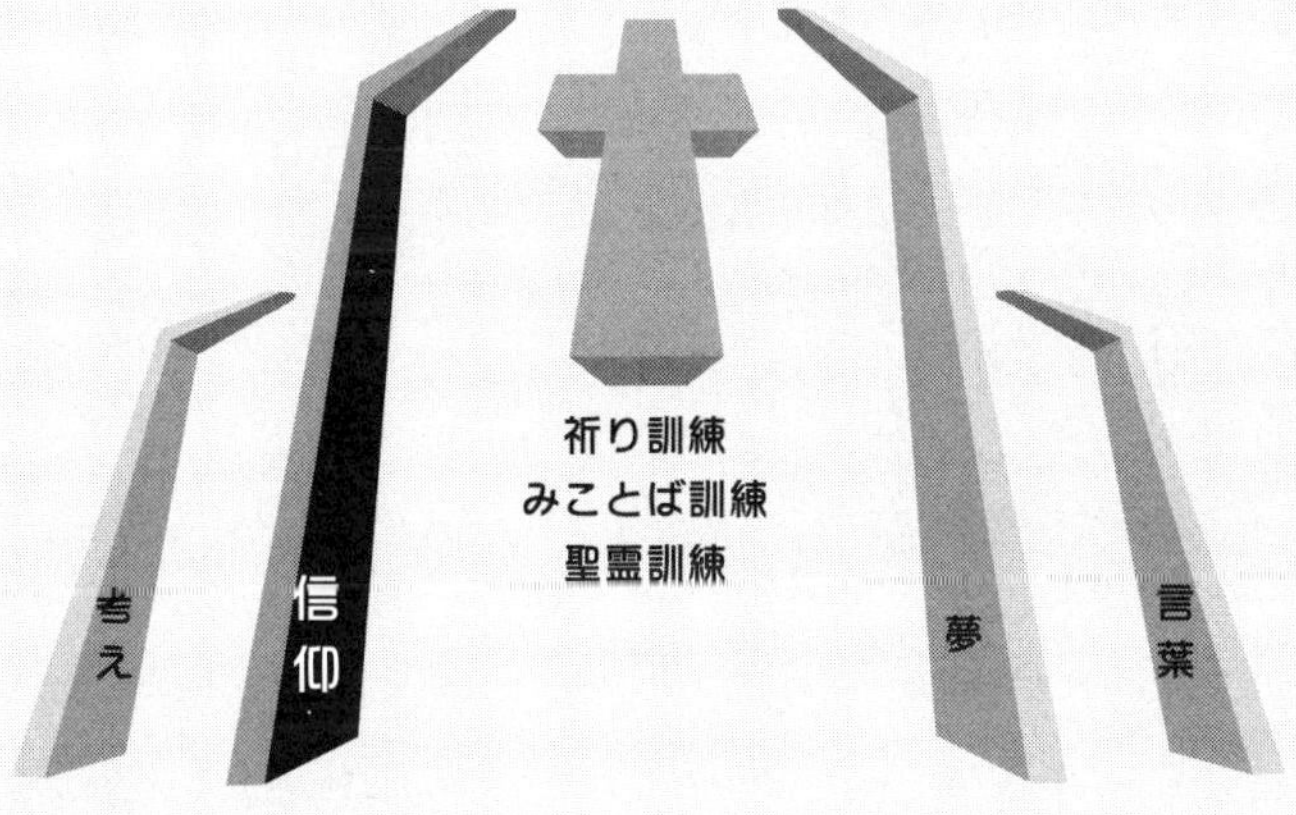

① 見渡しの信仰法則を用いましょう。
② 否定的な方に誘惑する環境と戦いましょう。
③ 三次元人生の重荷を主にゆだねましょう。
④ いつも信仰によって生きる方法を学びましょう！

2章　信仰

あなたの四次元の信仰、このように変えましょう

するとイエスは言われた。『できるものなら、と言うのか。信じる者には、どんなことでもできるのです。』（マルコの福音書九章二三節）

目の前が真っ暗で、何も見えない絶望的な状況にぶつかった時、あなたはどうしますか？私たちは強い信仰を持っていると言いながらも、いざそのような状況にぶつかると、信仰を守ることが難しくなります。なぜなら、見える三次元のすべてが、自分の考えと心を否定し、混乱させるからです。私たちはその時、目に見える現状を直視するのではなく、四次元におられる神を見て頼らなければなりません。そうすると、どんな状況でも克服することができます。そうすれば、神がその信仰の大きさをご覧になり、恵みによってすべてに打ち勝てる力を与えてくださいます。また奇跡を施されます。どんな状況に置かれても、どんな姿でいても、神だけ

を考えながら信仰を堅く保ってください。驚くべき主の御働きが起きるはずです。

二十年ほど前のことです。オーストラリアのアデレードで聖会を開き、その次はパースで聖会を導くことになっていましたが、航空会社のストライキにより飛行機が欠航となりました。アデレードからパースまでは大型旅客機で三時間、自家用飛行機では五時間かかる距離です。それでパースの聖会関係者に「航空会社のストライキで行くことができない」と電話をしました。すると「聖会を大々的に準備して、たくさんの人たちが待ってますので、今すぐ自家用飛行機を飛ばします」とのことでした。

しばらく待っていると自家用飛行機が到着し、急いでそれに乗りました。ところがその飛行機は手動式で、自動航法装置もなく、高速道路に沿って飛ぶこともあるのでした。そうやって三時間ほど飛んでいると、いきなり嵐がやってきました。空いっぱいに雲が覆い、視界は真っ暗で何も見えませんでした。すると操縦士は、ラジオの周波数に合わせて方向を取りました。その時、操縦士は私にこう言うのでした。

「周波数を見つけるまで先生が操縦かんを握っていてください」

かなり戸惑いましたが、差し迫った状態だったので仕方ありません。操縦かんをつかんでバランスを維持しようとしましたが、風が強く吹き付けてきて、まことに耐え難い時間でした。私にできることは何もありませんでした。生死の岐路に立たされた私

は、ただ神に頼るしかありませんでした。操縦かんを握りながら

「主よ、助けてください！」

と叫びました。嵐の中を通る瞬間は、とても生きた心地ではありませんでした。そうやって二時間ほど耐えていると、遠いところからぼんやりと明かりが見えてきました。パースの街の光でした。それは死からいのちへ至る光でした。その光のところに無事到着することができました。聖会の参加者たちは口をそろえて無事に到着できたのは奇跡だと言いました。そのすべては神の恵みであり、権能でした。肉の目では何も見えませんでしたが、神が導いてくださったのです。

信仰とは、肉の目では見えない心の実体です。なおさら神との関係において、信仰とは絶対的な条件です。ヘブル人への手紙一一章六節には「信仰がなくては、神に喜ばれることはできません。神に近づく者は、神がおられることと、神を求める者には報いてくださる方であることとを、信じなければならないのです」とあります。神がいくら良いものを与えようとされても、私たちが信じなければすべては水の泡です。信仰は神のみこころと考えを現実化させる力です。

ですから、私たちはいつも主イエス・キリストの中で信仰によって生きなければなりません。聖書は、「正しい人はその信仰によって生きる」（ハバクク二章四節）と教訓しています。神の

世界は、すべてを信仰によって見なければなりません。信仰は見えないものを確信させるものなので、信仰の目で無いものを有るものとして見なければなりません。そのように神の恵みを見渡す時、私たちの生の中にそれらが現実として現れるのです。

これからはこの「見渡しの信仰法則」によって信じ、私たちの否定的な環境と考えを主にゆだねてください。そのように信仰によって生きる方法を心得た私たちは、いつも生の勝利者になるはずです。

1. 見渡しの信仰法則を用いましょう

目標を見渡して、すでに有るもののように思ってください。実体を見渡してください。心の中に願い事を抱いた後、すでにかなえられた現実だと信じ、祈ってください。

インドネシアは、人口二億人のうちの三十パーセントである六千万人がイエス様を信じています。イスラム国家にもかかわらず、たくさんの人が殉教して教会を守り、リバイバルを起こした結果、六千万人の聖徒を有する、アジア最大のクリスチャン国家となりました。その上、世界で一番大きい礼拝堂を持った教会がスラバヤにあります。アブラハム・アレックス牧師が仕えているその教会は、座席数だけで二万五千席あります。私はそこで聖会を導いたことがありましたが、まるで巨大な野球ドームのようでした。二万五千人が一度に座れる教会は、世界でここだけだと言います。

私はこの大きな教会で集会をしながら、アレックス牧師の次男を見て感動しました。その次男は父親を助けてキリスト教専門の書店を全国規模で経営しています。実は彼は脳性まひを持って生まれた子でした。全身が斜めに傾く傾向があり、生活することだけでもとても大変に見えました。イスラム教徒たちが、牧師が脳性まひの子どもを産んだと指さし、あざ笑い、神が生きておられるならどうしてこんなことが起きるのかと批判することをアレックス牧師は私に打ち明けました。

「うちの息子をどうすれば良いのでしょうか？　私はあの子を連れて牧会をすることができません」

「アレックス先生、神様の前で『見渡しの法則』を使ってください。イエス様が十字架を背負われたことによって、私たちの弱さと病を背負っていかれたので、あなたの病がどんな形のものだとしても、ただ十字架だけを見渡して祈ればいやされるはずです。十字架を通して息子さんを見てください。完全にいやされた姿の息子を喜んでください。その姿を思い描きながら、毎日息子のために祈ってください」

アレックス牧師はその日から、朝、目を覚ますと、息子の部屋に飛んで行きました。十字架を通して息子が完全にいやされる姿を見渡し、一日中息子の前で祈りました。翌日も、またその翌日も…。一カ月以上休まず祈り続けましたが、何事も起きませんでした。二カ月祈り続けても同じでした。三カ月を過ぎたある日、私に連絡が入りました。涙声でした。

「チョー先生、三カ月間も祈り続けているのにうちの息子は脳性まひのままです。私はどうすれば良いのでしょうか！」

瞬間、私はとても困りました。「あの時、余計な話をしたせいで、アレックス先生をかえって苦しめることになってしまった。」という思いがよぎりました。

それはサタンの考えでした。私はすぐ信仰によって心を整えた後、次のように言いました。

「せっかく三カ月まで来たのですから、最後まで信仰を守りましょう。継続して見渡し、共に祈りましょう」

そのように私たちは祈り続けることを心に決めました。そして、奇跡が起こりました。四カ月が過ぎようとしたある日のことです。朝、息子の部屋に入ると、息子が「お父さん」と呼びました。息子の方を見ると、何ということでしょうか！　息子は完全にいやされた姿で立っていました。全身をねじらせ、曲げていた姿はもうどこにもありませんでした。奇跡が起きたのです。その息子は今健康な青年に成長して家庭を育み、三人の子どもを持った主のしもべとして父親を助けています。そのようなことはいくら考えても人間の理性では理解できないはずでです。それは当然なことです。奇跡は四次元の結果だからです。見える世界である三次元の考えではあり得ないことなのです。

そのように奇跡を体験したいならば、聖霊の導きに従って「見渡しの信仰法則」を用い、四次元の霊性を信じなければなりません。アブラハムがどうやって信仰の祖先になったのでしょう。彼は絶えず夢を見、神を信じたから信仰の祖先になったのです。アブラハムがエジプトから出た時、神は彼を高い丘に登らせた後、話されました。

聖書は、「ロトがアブラムと別れて後、主はアブラムに仰せられた。『さあ、目を上げて、あなたがいる所から北と南、東と西を見渡しなさい。わたしは、あなたが見渡しているこの地全部を、永久にあなたとあなたの子孫とに与えよう』」（創世記一三章一四～一五節）と話しています。

神はまずアブラハムに見渡させてから、その次に信仰を与えられました。「見渡し」と「信仰」は、コインの表と裏と同じです。見渡すのは四次元ですが、それが三次元を変える信仰とつながる時、奇跡が起こります。ヘブル人への手紙一一章一～二節では、「信仰は望んでいる事がらを保証し、目に見えないものを確信させるものです。昔の人々はこの信仰によって称賛されました」と話しています。そのように信仰は望んでいる事がらを保証し、確信させるものなのです。

蒔いて刈り取ることを期待してください

私はいつも神の国と神の義をまず求め、また信仰によって蒔き、奇跡が起きることを期待しながら生きてきました。ヨイドに教会を建てる時、私は初めて建てたソウル・ネンチョン村の自分の家を主にささげました。祈る中で神が「あなたの家を神に蒔きなさい。そうすれば、神がそのことを通して奇跡を起こしてくださる」と話されたのでした。

三十歳で結婚した後、困難を乗り越えて建てた小さなわが家をささげるのは、牧師である私にとっても簡単なことではありませんでした。しかし、結局は聞き従いました。

そうすると、神は大きな奇跡を起こしてくださいました。もっと広大な神のミニストリーができるようにヨイドの土地を与えてくださったのです。私がささげた額が大事なのではなく、みことばに聞き従って信仰の種を蒔いたことを、神は喜んでくださったのです。

人は何を蒔いても、蒔いた通りのものを刈り取ります。少なく蒔いた者は少なく刈り取り、多く蒔いた者は多く刈り取ります。これは自然の法則だけでなく、神の御前での霊的な法則でもあります。蒔かなければ刈り取ることはできません。そして、蒔けば必ず刈り取ることを期待しなければならないのです。皆さんは種を蒔いておきながら収穫を期待しない農夫を見たことがありますか？　私たちは、神に私たちのすべてをささげられるという信仰を持っていなければなりません。そのような心でなければ、神の御前で奇跡を期待することはできないのです。神はイエス・キリストの十字架を通して、すでに私たちが「たましい（霊）に幸いを得ているように、すべての点でも幸いを得、また健康であり」、ただいのちを得るのではなく、豊かに得るように祝福を与えられました。

ガラテヤ人への手紙六章七〜九節では、「思い違いをしてはいけません。神は侮られるような方ではありません。人は種を蒔けば、その刈り取りもすることになります。自分の肉のために蒔く者は、肉から滅びを刈り取り、御霊のために蒔く者は御霊から永遠のいのちを刈り取るのです。善を行うのに飽いてはいけません。失望せずにいれば、時期が来て、刈り取ることになります」と語られています。神の中で聖霊の原理通りに蒔いて刈り取ってください。あなたは祝福の源になるはずです。

祈りの内容を発展させましょう

すでに受けたことだと心に確信を持ち、見渡しの法則によって見渡すことができるまで祈ったら、それからは祈りの言葉を変えなければなりません。受けたものだと確信した後も、「いやしてください。赦してください」という祈りは、信仰のない祈りです。

すでに求めたなら、その時からは「私をいやしてくださって、感謝します」、「神様すでにいやしてくださったのですから、さらに完全にいやしてください」と祈らなければなりません。信仰によってすでにいやされましたが、症状がなくなるまでは時間がかかります。聖霊が私たちにいやされたという確信を与えられるのに、何度もくり返して「いやしてください。いやしてください」と言っていると、「いやしてあげたのに、どうして何度も言っているのか」と神様はいぶかしがられることでしょう。そのようにすると、不信仰の言葉になってしまうのです。

子どもたちの救いのために切実に祈った後、ある程度の時間がたつと、心の中に「もうみんな救われた」という確信が与えられます。心の確信が与えられても相変わらず子どもたちは教会ではなく遊びに出かけ、自分のことに忙しい様子です。そうすると心に何度も疑いが頭をもたげようとします。心に確信は与えられても、現実はそうでないからです。そのような時はこのように祈らなければなりません。

「父なる神様！　私の長男はすでに救われたのですから、早く主の御前に呼んでください。次女もすでに救われた子です。早く立ち返らせてください。末っ子もすでに救われたので、もうこれ以上世の中でさまよわないようにしてください」。これが信仰の祈りです。

職場のための祈りも同じです。一生懸命に祈ったあなたの心には、すでに良い職場を得られたという確信が与えられているはずです。ところが何度も「職場を与えてください」と祈り続けると、「すでに職場を与えたと言ったのに、いつまでそんなにぶつぶつ祈っているのか」と主に叱られるかもしれません。そんな時はこのように祈ってください。

「神様！　職場を与えてくださって、感謝します。神様が下さったのですから、早く現れるようにしてください」

無いものが有るもののように信じられるその時は、無いものを有るもののように話さなければならないのです。そのように見渡しの信仰の法則を適用する祈りをささげる時は重言付言せず、正確に確信のある祈りを神にささげてください。

2. 否定的な方に誘惑する環境と戦いましょう

信仰をあきらめさせようとするたくさんの誘惑があります。戦って打ち勝ってください。平安が与えられるまで祈ってください。熱く叫び祈ってください。

私たちは神の内で見渡し、信じ、夢を見ました。しかし、目に見える環境は私たちにあきらめの思いを与えます。しかし、ここでとどまり信仰を手放してはなりません。

そのすべては私たちが戦い打ち勝つべき対象です。忍耐と根気を持って最後まで戦い、打ち勝った者たちには、信仰の中で見渡したたくさんのものが現実となって現れます。

「信じます。でもどうしよう、信じられないですよ～」

爆発的なリバイバルが起きた一九六〇年代、私たちの教会は初めて金曜の徹夜礼拝を始めました。その頃、韓国に徹夜礼拝はありませんでした。私たちが金曜徹夜礼拝をささげ始めたところ、それが今日全国的に広まったわけです。徹夜礼拝は早朝四時まで行い、祈り、賛美し、証ししながら恵みを分かち合いました。あっという間に四時になってしまうと感じるほど、その時の祈りの熱気はすごいものでした。当時を振り返ってみると、叫び祈りながらたくさんの人々がいやされ、祈りの答えを頂き、聖霊に満たされたことを覚えています。

ある徹夜礼拝の時はこんなこともありました。その時私は病気の人のため、このように宣言しました。

「今日、神の力によって胃潰瘍をいやされた人がいます」

すると一人の青年が立ち上がってこう言ったのです。

「先生、私です。私が胃潰瘍からいやされました！　信じます！　でもどうしよう、信じられないですよ～」

その青年の言葉が今もとても印象的です。「主よ、信じます！」と、あれほど大きな声で堂々と叫んだのに、その後すぐに「でもどうしよう、信じられないですよ～」と言ったのは、ある意味で非常に素直な告白でした。私たちも「信じます」と言いながらも信じられない時が多いです。信仰は自分が作るものでもなければ、感覚でもないからです。信仰は感覚と環境を飛び越えるものです。

その青年は当時、延世（ヨンセ）大学の学生でした。ところが、胃潰瘍でたくさんの血を吐くので、「もうすぐ死ぬかもしれない」と思っていました。それで神の力によっていやされることを信じたくてもがいても、信じられない状態でした。私は自分にある信仰がその青年にも与えられるようにと切に祈りました。頭に手を置いて力強く祈りました。まずその青年の四次元を変えなければなりませんでした。いやされるという考えと力強い信仰と、未来に向かった夢と、みことばの肯定的な告白が必要だったのです。

その後、青年は健康になり、大きな信仰の人になりました。そして神学を学んで、牧師になり、今は長老教会の牧師になって立派に牧会を営んでいます。

事実、私たちが信仰を守り、忍耐しようとしても、世の中の常識と知識は、私たちを大きな絶望へといざないます。神のみことばだけにより頼みながら信仰を固くし、これから現れる奇跡を待とうとしても、現実からの圧迫は絶えず私たちを不信仰にさせます。しかし、私たちは打ち勝たなければなりません。神が十分に打ち勝てる力を私たちに与えてくださっているからです。皆さんも打ち勝つことができます。

熱く叫ぶ祈りで、不信仰の氷の壁を溶かしましょう

聖書には祈り求めたものはすでに受けたものだと教えていますが、しかし、いくら祈っても信じられません。それが問題です。私たちが祈り求める時は、信じられるまで祈らなければなりません。かなえられたと信じる心に至るまでには、厚い氷の壁があります。この氷の壁を溶かさなければなりません。冷たい風では溶かせません。熱い祈りの熱気でなければなりません。私たちが主に熱い祈りをささげると、この壁は溶け始めます。ほとんどの人が祈った後に気落ちし、平安と確信を得られないのは、この氷の壁を溶かすことができなかったからです。氷の壁が溶かされる時、祈りの答えの確信を握ることができます。そして、心に確信と平安が訪れてきます。

マタイの福音書七章七～八節には、「求めなさい。そうすれば与えられます。捜しなさい。そうすれば見つかります。たたきなさい。そうすれば開かれます。だれであれ、求める者は受け、捜す者は見つけ出し、たたく者には開かれます」とあります。

イエス様は私たちが考えているより、はるかに大きい答えを約束されました。ですから、私たちは確信が与えられるまで絶えず祈り求めて氷の壁を溶かし、心に確信が与えられたら受けられるものだと信じ、告白していかなければならないのです。

イザヤ書五五章六～七節は、「主を求めよ。お会いできる間に。近くにおられるうちに、呼び求めよ。悪者はおのれの道を捨て、不法者はおのれのはかりごとを捨て去れ。主に帰れ。そうすれば、主はあわれんでくださる」と教えています。

イギリスの有名な牧師スポルジョンは、「祈りは、下でひもを引っ張って、天の上にある大きな鐘を、神様の耳元で鳴らすのと同じことです」と話しました。神の耳元には大きな鐘があり、私たちが下の方で祈りのひもを引っ張ると、神は直ちに聞いて御手を動かしてくださるということです。私たちは神に祈りますが、力を尽くして休まず行わなければなりません。私たちの叫ぶ祈りに神は必ずこたえてくださいます。

信仰の祈りは、絶望を希望に変える信仰の仲介役です。大きな声で祈ることを批判する人たちもいます。しかし、エレミヤ書三三章三節には、「わたしを呼べ。そうすれば、わたしは、あなたに答え、あなたの知らない、理解を超えた大いなる事を、あなたに告げよう」とあります。切に慕い求める祈りは、呼ぶ（叫ぶ）祈りです。

詩篇一四五篇一九節にも、「また主を恐れる者の願いをかなえ、彼らの叫びを聞いて、救われる」とあります。ですから、心に確信と平安が与えられるまで主に叫ぶ祈りをささげなければなりません。熱い願いを持って叫び祈る時、神は答えてくださるのです。

3．三次元人生の重荷を主にゆだねましょう

不安な時代、絶望しがちな時代ですが、思い煩いを下ろしてください！　あなたの否定的な考えと恐れの重荷を神にゆだねてください。ただ主だけを仰ぎ見てください。

ソンガン・ジョン・チョルの『訓民歌』の中に次の詩があります。

「頭に載せ、担いでいる年寄りの重荷、解いて私に下さい。
私は若者ですから、石でも重いでしょうか。
年取っていくことも寂しいのに、重荷まで担ぐのでしょうか」

この詩は、ある老人が重い荷物を頭に載せ、担いでは汗をかきながら歩いているのを見た若者がふびんに思い、代わりに担いであげて、老人が楽に足を進められるようにしてあげようという内容です。

まさにイエス様が話されたのもそれと同じ言葉です。イエス様は人々が重荷を背負って大変な目に遭わされているのを見てふびんに思われました。それで、「すべて、疲れた人、重荷を負っている人は、わたしのところに来なさい。わたしがあなたがたを休ませてあげます」（マタイ一一章三〇節）と話されて、私たちが重荷ではない人生を生きられるように招いてくださったのです。「罪の荷が重いですか？　世の中の荷が重いですか？　悪魔のくびきが重いのですか？

病の荷が重いのですか？　生活がそんなにもつらくて重いのですか？　人生そのものが苦しいのですか？　死ぬ苦しみが耐えられないのですか？　その重荷をあなたが背負ってはなりません。わたしが代わりに背負ってあげよう。わたしの十字架のくびきで、わたしがそのすべての重荷を背負ったのだから、あなたはただわたしを信じて聞き従い、私の中に入ってきなさい。そうすれば、あなたは平安に人生を生きることができます」と話されたのです。何と驚くべき招きなのでしょうか。

主はわが羊飼い

私はこのみことばをいつも暗唱します。恐れが近寄ってくると、「恐れよ、退きなさい。わが避け所、わがとりで、私の信頼するわが神。夜の恐怖も恐れず、昼に飛び来る矢も恐れない。また、暗やみに歩き回る疫病も、真昼に荒らす滅びをも。千人が、あなたのかたわらに、万人が、あなたの右手に倒れても、それはあなたには、近づかない」（詩篇九一篇より抜粋）と言うのです。神のみことばは生きていて、力があります。天地が滅びてもその一点一画すら変わりません。みことばを知って信じ、仰ぎ見て認めれば、そのみことばから来る御働きは今でも、私たちの生の中でかなえられるのです。

私たちの社会は不安の谷間を歩いています。なぜなら、戦争の恐怖が人々の心の中にあるからです。北朝鮮の核の問題やイラク戦争など、いつもテレビのニュースを騒がせているではありませんか。イラク戦争のあの恐ろしい惨状から、次はわが国にそのような戦争が起きるのではないかという不安が私たちにあり、そうでないふりをしていたとしても、実際は誰もが心の中にこの不安の恐怖を持っているのです。

また韓国政治の変動に伴い、世代間理念の葛藤がひどいので、また不安です。

若者たちは五〇代以降の年配者を、保守（守旧）反動主義者だと言います。ですから、年を取っていく人たちは、社会的に大きな疎外感を感じます。何を話しても、どんな行動をしても、若者たちには保守反動主義的な人だと言われます。一方、年配者の人たちは若者たちを保守主義的な視点から、「赤（北朝鮮に同意する人）」だと言います。そのように理念的相違から韓国には大きな谷間ができました。私は解放以降に成長した世代ですが、左右に分けられ、理念の葛藤が非常にひどかったのを覚えています。それが現在に影響しました。相当な混乱と精神的な葛藤を、この韓国社会が経験しているのです。

そして、社会全般的に経済不況が押し寄せてきて、すべてがうまく運びません。

輸出の方は安定してきた一方で、内需景気が大変だそうです。不良債権者は増加する一方で、物価と失業率が上昇していて、職に就いている人たちも不安におびえています。中国で発症し、全東南アジアとヨーロッパに広まっているコレラも恐るべきものです。世の終わりに凶悪な病が広まると言われていますが、今日原因不明の病がすでにはやっています。

これらの不安からさまざまなセミナーが開かれています。心理に関連した書籍が年間百冊以上も出版されて、占い師に人気が集まり、神経精神科に多くの人々が治療のために通っているのです。人間が歩んできた五〇世紀の歴史は、戦争の歴史でした。この二〇世紀だけでも戦争で死んだ兵隊、民間人、また関連で虐殺された人の数を合わせると、一億二千万人から一億八千万人にも上ると言われています。一九四五年から九〇年まで戦争がなかった日はわずか三週間だけでした。

今日さまざまな理由から私たちの社会は不安と恐怖の死の谷間を歩んでいて、世界各国も同様なのです。皆さんがこの谷間を通る時、どんな占い師に頼っても役に立たず、神経科の治療を受けても無駄なことです。私たちと共にいてくださる方は、私たちの羊飼い、イエス・キリストしかおられません。「わたしが天と地のすべての力を持っている」と話された、あのイエス様だけが良い羊飼いとなり、私たちの手を握っていてくださるのです。この世の終わりの時に私たちはもっと目覚めて祈り、私たちの羊飼いの手を握ってこの死の谷間を通らなければなりません。なぜなら、私たちの主は、その杖とむちで私たちを導かれ、安心させてくださるからです。主の杖は、主が導かれる御手です。ヨハネの福音書一〇章三節には、「門番は彼のために開き、羊はその声を聞き分けます。彼は自分の羊をその名で呼んで連れ出します。彼は、自分の羊をみな引き出すと、その先頭に立って行きます。すると羊は、彼の声を知っているので、彼について行きます」と書かれています。主は私たちの羊飼いであられ、私たちはその羊です。ですから、羊飼いであられる主は、私たちの名前を全部知っておられます。私たちの名前を一人ひとり呼びながら、主は杖で導いてくださるのです。

4. いつも信仰によって生きる方法を学びましょう！

日常生活の中で信仰によって生きる方法、神と共に歩む方法を学んでください。聖霊と交わり、みことばを黙想し、神を黙想しながら、信仰の人たちと共に過ごしてください。

私たちはいくら強がってみても、限界のある弱い存在です。人間は有限な存在だからです。それでいつも新しく心を持ち直し、再び起き上がるのですが、また倒れてしまうのです。そんな私たちを神は哀れんでくださり、守ってくださいます。何と感謝すべきことでしょうか！私たちがこの世の中に打ち勝って生きるようにみことばを与えてくださり、私たちを助けてくださる知恵の聖霊を送ってくださいました。また信仰の仲間たちをも送ってくださいます。ですから、私たちはいつもみことばを黙想し、聖霊と交わりながら信仰のある人々と共に神の御前に出て行かなければなりません。

みことばを通した信仰の成長

一九世紀のアメリカの大伝道者ムーディは、神の御前で忠実に生きることを誓約したものの、いつも倒れたり、ふらつく生き方をしていました。ムーディ牧師は「このままでは駄目だ」と思い、山に入って祈ったり、聖会に参加する日々を送りました。しかし、そこで受ける恵みは一カ月も持ちませんでした。それでムーディ牧師は、「私の心は道端のように、みことばの種が育てられない畑なのかもしれない」と嘆きました。

そんなある日、ふと与えられたみことばがローマ人への手紙一〇章一六～一七節でした。

「しかし、すべての人が福音に従ったのではありません。『主よ。だれが私たちの知らせを信じましたか』とイザヤは言っています。そのように、信仰は聞くことから始まり、聞くことは、キリストについてのみことばによるのです」

このみことばを読んだ時、ムーディ牧師の心に信仰と悟りが与えられました。それはみことばが信仰をつかみ、信仰が揺れる時にイエス様のみことばを聞くことによって信仰が強められるのだという悟りでした。みことばを通して信仰が成長する方法を見つけたムーディ牧師は、その日から毎日明け方に聖書を黙想して、信仰を求める祈りをささげるようになりました。そして、信仰を強くさせるため、神のみことばを声に出して宣言し、みことば通りに生きるために行動し、努力しました。

ムーディ牧師はその後、世界を福音で揺るがす信仰の巨人となりました。ムーディ牧師は、「聖書は私に必要な時に寝床となり、暗い時にはともしびとなり、働く時には道具となり、賛美する時には楽器となり、無知な時には先生となり、つまずいて倒れる時には岩となってくれました」と話しています。

聖霊によって飛躍する信仰

一八世紀のイギリスを大きく揺さぶった、メソジストの創始者ジョン・ウェスレー牧師は、オックスフォード大学時代、熱い情熱をもって神に人生をささげました。そして宣教師になってアメリカへ渡りました。しかし、彼はアメリカで宣教師の夢を完全に遂げることもできず、失敗しました。信仰に危機が迫ってきたのです。彼は大いに落胆したまま再びイギリスへ帰ることにしました。その帰路、船が嵐に見舞われ、危険な状態に陥りました。ウェスレーを始めとする多くの乗客たちがパニックになりましたが、神に敬虔に仕えていたモラビア教徒たちは、むしろ神をほめたたえながら、信仰によって耐えていました。その姿を見たウェスレーは大きな衝撃を受けたのです。

そして一七三八年五月二四日、ウェスレー牧師は、ロンドンのアルダースゲートで聖霊の熱い体験をします。その時の体験を彼はこう語っています。

「その日の夕方、私は友人の強い勧めによって仕方なくアルダースゲート街の集会に参加しました。ある人がルターの注釈の冒頭を読んでいました。九時一五分ごろ、信仰を通して神が私たちの心に起こされる変化を説明し始め、それと同時に私の心の中に不思議な熱い炎が臨み、鼓動が高鳴り始めました。私はイエス・キリストを信じることによって何の代価もなく赦しを受けられ、義とされて救われるという真理を、心の中ではっきりと悟るようになったのです」

ウェスレー牧師は、以前はローマ人への手紙を読む時、頭だけで読んだので心の中で感じるものは何もなかったが、その日の夕方は不思議なほど心が熱くなり、聖霊の火が臨まれ、信仰によって赦しと義を得る真理を確かに悟ったのです。そうすると、霊に明るい光が照らされ、喜びがあふれました。その場で彼は立ち上がり、イギリスを変える福音伝道を始めました。後に人々が、「あなたはどんな力で偉大な伝道をすることができたのですか？」と聞いた時、彼は「私はアルダースゲートの体験以降、聖霊の火をいつも心に抱いていたので、その力で福音を伝えることができました」と答えました。ただ真理を知ることだけでは、私たちは変わりません。神の真理が聖霊によって悟らされるような体験がある時に、どんな試練と患難も乗り越えられる信仰と勇気と力が生まれてくるのです。ウェスレー牧師は聖霊と共に交わりながら信仰が飛躍しました。私たちもウェスレー牧師のように心をいつも聖霊の熱い炎で満たしたいものです。

ウェスレー牧師に臨まれた聖霊は、今この瞬間も私たちに臨まれることを願っておられます。それで私たちが真理を悟り、覚えられるように助けてくださいます。四次元の信仰は、聖霊によって成長します。信仰は自分が作り出す創造物ではなく、神によって与えられる恵みであり、聖霊が作ってくださる作品です。

ローマ人への手紙八章二六～二七節を見ると、「御霊も同じようにして、弱い私たちを助けてくださいます。私たちは、どのように祈ったらよいかわからないのですが、御霊ご自身が、言いようもない深いうめきによって、私たちのためにとりなしてくださいます。人間の心を探り窮める方は、御霊の思いが何かをよく知っておられます。なぜなら、御霊は、神のみこころに従って、聖徒のためにとりなしをしてくださるからです」と話しています。聖霊は、私たちが人生で絶望する瞬間ごとに絶えず祈ってくださり、私たちを導いてくださり、教えてくださいます。ですから、私たちは聖霊の助けを通して父なる神とイエス・キリストのみことばを悟り、そのみこころを知るようになるのです。

霊的同伴者と一つになった信仰

信仰者たちは共に一つになる時、その信仰をよりいっそう堅くすることができます。聖書にも、「ふたりでも三人でも、わたしの名において集まる所には、わたしもその中にいるからです」（マタイ一八章二〇節）と書かれています。また義人一人のゆえに神はその人がいる場所を祝福されます。私たちは信仰者たちと交わりながら、天の国を拡張し、世との戦いにおいてもっと簡単に勝てる力を得ることができます。また私たちが信仰の力となり、多くの人々を助けることもできるのです。

一九六九年、アメリカ大統領だったアイゼン・ハワーがワルトリード米陸軍病院で亡くなる少し前、ビリー・グラハム牧師が訪ねて来て、三〇分ほど話をしました。その後、牧師が帰ろうとすると大統領は牧師を引き止めました。

「先生、私ともうちょっと話してからお帰りになってください。一緒にいてください」

「良いですよ。何かもっと話したいことでもありますか？」

「先生、私にはまだ神様に出会える確信がありません。私を助けてくださいませんか？」

「私たちが罪を赦され、救いを受けて神様の子どもになる道はただ一つ、イエス・キリストが私たちのために苦難を受けられ、十字架につけられて死なれ、復活されたことを信じればよいのです。私たちの功ではありません」

そしてビリー・グラハム牧師は大統領の手を握って祈りました。その時大統領は涙を流しながらビリー・グラハム牧師に感謝の言葉を言いました。

「先生、ありがとうございます。やっと今神様に会う準備ができました。心の中で真の平安を感じています」

そして大統領はそのような喜びのうちに亡くなりました。ビリー・グラハム牧師の確信に満ちた祈りがアイゼン・ハワー大統領の信仰に真の平安をもたらしたのです。そのように自分の信仰が足りないと感じる時は、信仰の友を探してください。彼らの祈りによって助けをもらうのも知恵です。一つになれた信仰の祈りは、確信と平安をもたらしてくれるからです。

信仰の学びは一生涯の学び

この地上で生きている私たちは、天国を仰ぎ見ながら望みを持ち、いつも信仰を堅く立てていかなければなりません。現実があまりにも暗いとしても環境を見るのではなく、いつも神様だけを仰ぎ見、神様だけに拠り頼む信仰、肯定的で積極的な信仰を持って進まなければなりません。その時神は最終的に、すべてのことを益と変えてくださるのです。そのためには、いつも信仰によって生きる霊的習慣を身に付けなければいけません。みことばを通して信仰成長の方法を探し、聖霊と共に交わりながら信仰の器を広げていきましょう。そして、信仰の友たちと互いに協力し合い、その信仰をさらに堅く立てていかなければなりません。

そのような信仰を学んでいくと、驚くべき神の奇跡を体験するようになります。信仰によって生きる方法は、一瞬で学べるものではありません。

一生涯を通して学んでいかなければなりません。ですから習慣づけることが大切なのです。聖書に登場する偉大な信仰者たちは、生涯を通して信仰によって生きる方法を学び、努力した人たちです。四次元の信仰はそのような過程を通って成長していくのです。

あなたの4次元の信仰

このように変えましょう

1. 見渡しの信仰法則を用いましょう。

目標を見渡して、無いものを有るもののように思ってください。実体を見渡してください。心の中に願いを抱いた後、すでにかなえられた現実として信じ、祈ってください。

2. 否定的な方に誘惑する環境と戦いましょう。

信仰をあきらめさせようとするたくさんの誘惑があります。戦って打ち勝ってください。平安が与えられるまで祈ってください。熱く叫び祈ってください。

3. 三次元人生の重荷を主にゆだねましょう。

不安な時代、絶望しがちな時代ですが、思い煩いを下ろしてください！　あなたの否定的な考えと恐れの重荷を神にゆだねてください。ただ主だけを仰ぎ見てください。

4. いつも信仰によって生きる方法を学びましょう！

日常の中で信仰によって生きる方法、神と共に歩む方法を学んでください。みことばを黙想し、神を黙想してください。信仰者たちと共に過ごしてください。

＊この表をご利用になる前に

・この表は４次元の霊性の４つの変化（考え、信仰、夢、言葉）の実行力を高める強力なツールです。この本を読み終えた後お用いください。
・１週間に一つずつの指針を実践してください。毎晩一日を振り返ってみて実行できたかどうかを○△×でチェックしてみてください。
・１カ月から４カ月後には、驚くべき変化が見られるでしょう。
　○：変化のために、今日一日のうちで１回以上実践した。
　△：チャレンジはしたが、思ったようにうまくいかなかった。
　×：実践できなかった。

４次元の信仰実行点検表

今日あなたの４次元の霊的な世界はどうでしたか？

４次元の信仰を変えると３次元の人生が変わる！

信仰を変えよう！

１）一日の間、聖書を読む時間と祈る時間を持った。
－ 一日少なくとも聖書通読（　　）ページ、祈る時間（　　）分を継続的に実践してください。

２）祈りの応答に確信がない祈り課題について、集中的に祈った。
－ 祈りの課題を並べて、特に確信がないものを選んで、集中的に祈ってください。

３）今日の私の思い煩いなどを、神様にゆだねて過ごした。
－（　　）、（　　）を思い煩わないように誓ってください。

４）少なくとも一人以上、信仰の人と交わる時間を持った。
－ 今日○○さんと、会うか電話やＥメールなどで信仰の会話をしてください。

信仰

できるものなら、と言うのか。信じる者には、どんなことでもできるのです。（マコ9：23）

週	実践事項	月	火	水	木	金	土	日
1週	一日の間、聖書を読む時間と祈る時間を持った。							
2週	祈りの応答に確信がない祈り課題について、集中的に祈った。							
3週	今日の私の思い煩いなどを、神様にゆだねて過ごした。							
4週	少なくとも一人以上、信仰の人と交わる時間を持った。							

二部　あなたの中の四次元
霊的世界を変えましょう！

③ 夢

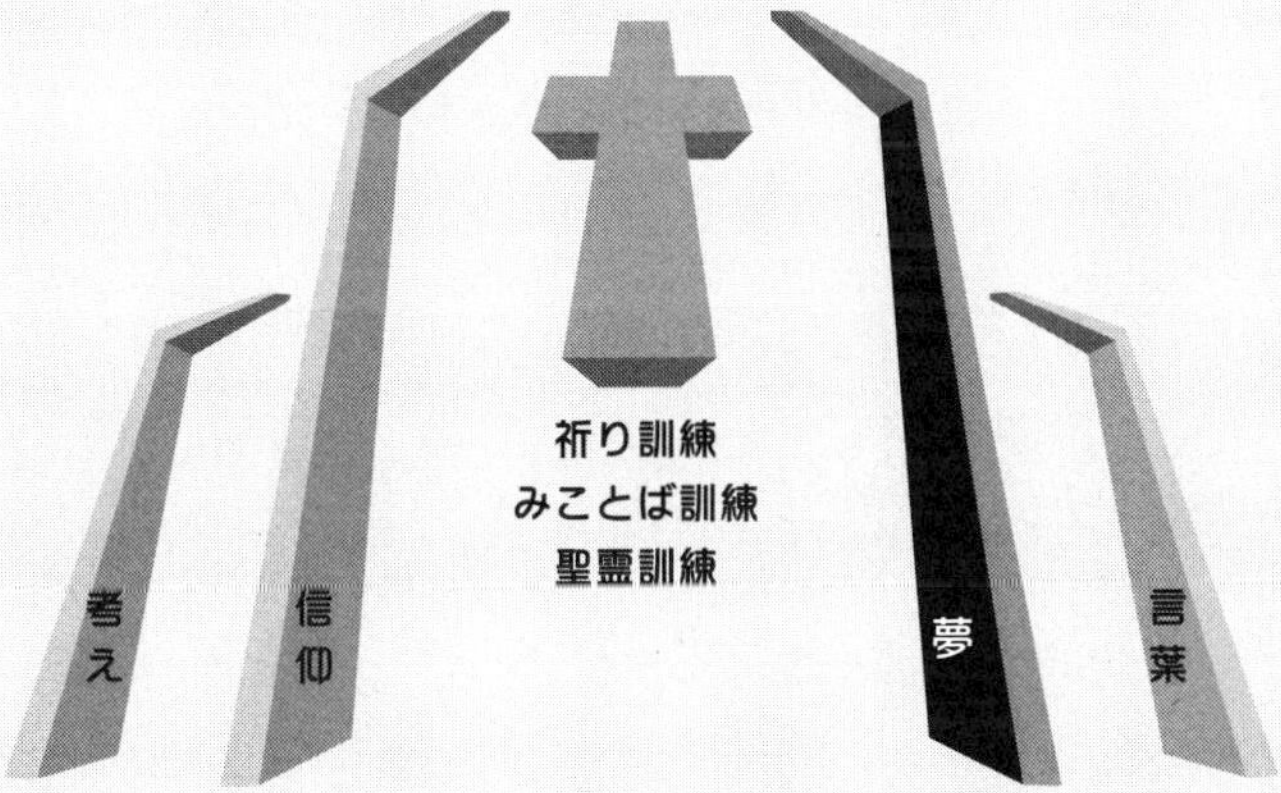

① 神の理解を超えた大いなることを期待し、夢見てください。
② 夢の成就過程で小さなことから実践してください。
③ あなたが夢見るものを具体的に描いてください。
④ いつも「希望の夢」を抱き、拡散させてください！

あなたの中の四次元霊的世界を変えましょう！

3章　夢

あなたの四次元の夢、このように変えましょう

幻がなければ、民はほしいままにふるまう。
しかし律法を守る者は幸いである。
（箴言二九章一八節）

私たちはいつも心の中に夢を抱かなければなりません。啓示のない民は滅びます。今日心の中に夢、つまり、ビジョンを抱いていなければ、明日はありません。卵は温めてあげなければひなにかえることは絶対にありません。ですから、私たちは心の中にいつも夢とビジョンを持ち、温めながら生きなければなりません。そうする時、その夢とビジョンは殻を割って孵化し、私たちに現実として現れます。

あなたは今どんな夢を見ていますか？　もしかしたらその夢が人間的な欲望から出て来たものではありませんか？　私たちはそれを見分けなければなりません。四次元の世界で作られた

間違った欲望は、三次元の人生に結果として現れるからです。

正しい夢と欲望には大きな差があります。夢には明日に向けた希望があります。そこには罪を犯すこともなく、罪を利用したりもしません。しかし、欲望は法を守らず、罪を犯さなければかなえることができません。


モーセが若かった時、民族を救うことに失敗しましたが、それには理由があります。モーセがいくら良い夢や理想を持っても、神が共におられない夢は、人間的な野望と欲望に過ぎないからです。

反対に、アブラハムとヨセフは患難の中でも勝利しました。なぜなら、彼らは神と共に夢を見たからでした。

神と共にいる時、神が与える夢があります。神は聖書と聖霊を通して、説教と祈りの時間の中で夢を与えてくださいます。神の夢は人間の夢とは比べられないほど、大きくて広大なものです。モーセは民族の解放だけを夢見ていたのですが、神はイスラエルを祭司の国にする夢を持っておられました。神はモーセに仰せられました。

「あなたがたはわたしにとって祭司の王国、聖なる国民となる」（出エジプト記一九章六節）。

そのように神の夢はもっと大きくて広いものですから、私たちは限りない神の夢を抱かなければなりません。そして、ヨセフのように、神が与えられる夢を生涯において握り締めなければなりません。そうする時、神の夢は、どんな環境や苦難をも飛び越えさせてくれます。

神を通して抱くようになる夢は四次元の中にあります。それで、その夢は三次元を占領し、現実としてかなえられるのです。あなたの四次元の霊的世界の中にある夢はどうなのか、点検してみてください。そして、あなたの夢を次のように変えてみてください。

1．人の理解を超えた大いなる事を望みましょう

いつも神があなたに施される、人間の理解を超えた大いなる事を待ち望み、夢見てください。前方が断崖絶壁になることを想像してはなりません。いつも神が与えられる夢を期待してください。

人の力では全く解決のできない、まるで崖から落ちるような瞬間があります。しかし、聖書は「神にできないことはない」と教えています。そうです。私たちが絶望だと思う時に神は望みがあると話されます。神は私たちの理解をはるかに超えた大いなる事を行われます。そんな神が私たちといつも共におられるので、私たちはその神をただ信じて、従えばよいのです。そして、そのような心を抱く人には驚くべき奇跡を起こされます。それで私たち

は偉大な神の奇跡を期待し、夢見ながら生きられるのです。

一九六五年、私はブラジルでの聖会を終えて、リオ・デ・ジャネイロ空港で飛行機を待っていました。ある警察官が来て、私にパスポートを見せるように言いました。私は何もためらわず、外国だからあり得ることだと信じ、見せました。ところが、何ということでしょう！　その警察官は私のパスポートを持って逃げて行ったのです。私は目の前が真っ暗になりました。その当時ブラジルに私の知り合いは一人もおらず、韓国人はもとより東洋人さえも簡単に捜せない時代でした。時間はどんどん過ぎていき、結局私は飛行機に乗ることができませんでした。予算分のみで、余計な所持金もありませんでした。私は全身の力が抜けてしゃがみ込んでしまいました。そして、泣きながら祈り始めました。

「神様、見てください！　私はどうすれば良いのでしょうか？　あなたはご自分を愛する人々にすべてのことを働かせて益としてくださると話されたではありませんか？

本当に私は神様を愛し、神様のみこころ通りにブラジルに来て主のみことばを伝えました。主だけが私のすべてを知っておられます。主よ、すべてのことを働かせて益としてくださるという主の約束を信じます。主よ、どうか私と共にいてください！」

私は祈る事しかできませんでした。そして祈り続けていると、ある紳士が一人近づいてきました。

「もしかしてチョー・ヨンギ先生ではありませんか？」と言うのです。私は空耳かと思い、周りを見回しました。しかし、間違いなくその紳士は私に話しかけていました。ところが、私はその紳士を全く知りません。それで聞きました。

「はい、そうです。私はチョー・ヨンギですが、私をご存じなんですか？」

「ええ、一〇年前に『ルイス・フィル・リチャード』という友人が韓国に宣教師として行ったことがあります。その時彼が、あなたの写真が載っているトラクトを送ってくれたことがありました。不思議なことですね。ここで先生にお会いできるなんて！　一〇年前にちょっと見ただけのあなたの顔を、こんなにも正確に記憶しているとは考えもしませんでした。ところで、ここでどうなさったのですか？　私はサン・パウロから来たお客さんを送りに来て、今帰るところですが、あの一〇年前の写真の人がいたので、もしかしてと思って声をかけてみたのです」

私は涙が出ました。主の恵みがうれしくてたまりませんでした。主は私の祈りに答えてくださったのでした。私はその紳士に一部始終を話しました。彼いわく、そのようなことはブラジルではよくあることで、特に外国人の被害が多いのだと言いました。

「先生はご存じでなかったのですね。もしかしたらお金を要求したりはしませんでしたか？いくらかを渡したらパスポートは持って行かれなくて済んだはずでしょうが。とにかく不幸中の幸いです」

私はその紳士のおかげで無事に帰国することができました。私は今も感謝しています。もしあの時、私の祈りを主が聞いてくださらなかったとしたら、どうなっていたことか…。神様はこのように良いお方です。大きくて深い泥沼の中から私たちを救い出してくださる方です。私はこのことをきっかけに神をもっと信頼するようになり、その愛をもっと深く感じるようになりました。

皆さんの誰もがこの愛を体験できます。私は牧師だから特別というわけではありません。切実に神様だけを仰ぎ見、拠り頼む中にいれば、そして、その信仰を失わなければ、神は理解を超えた大いなる事を見せてくださいます。皆さんも信仰の中でその驚くべきみわざを感じてみてください。

イスラエルの民に向けられた、人の理解を超えた大いなる事

イスラエルの民の出エジプトは、神の計画がどれほど大きくて確かなものなのかを、よく現しています。神はモーセを通してその民を、四三〇年間の奴隷生活から解放してくださいました。ところが、出エジプトの一番日の壁が彼らに立ちふさがりました。カナンに向かって行く彼らを漠たる紅海が待っていたのでした。後ろを見ると、捕らえようと追って来るエジプトの

兵隊たちが戦車に乗って迫っています。

イスラエルの民は八方ふさがりの状況に追い込まれました。前方は大きな海であり、後方は自分たちを追って来るエジプトの兵隊がいるのだから、民はどうすることもできません。民の間にはつぶやく声が上がり始めました。イスラエルの民は大いに泣きながら、「もう死んだも同然だ」とモーセを恨みました。まさにその時、神はモーセに仰せられました。

「主があなたがたのために戦われる。あなたがたは黙っていなければならない。あなたは、あなたの杖を上げ、あなたの手を海の上に差し伸ばし、海を分けなさい」

神は彼らを見捨てたわけではありませんでした。誰がこのことを理解することができたでしょうか？　イスラエルの民も理解できませんでした。もちろんエジプト人たちも理解できませんでした。人の知恵では想像のできない大いなる事を神は備えておられたのでした。モーセが杖を差し伸ばし、海の水を打つと、紅海は二つに分かれました。イスラエルの民は悔い改めながら再び神の権能の御手をつかみました。そして、皆が無事に紅海を渡りました。彼らを捕まえようと、エジプトの戦車部隊も海の道に入ってきました。ところが、何ということでしょう？　海の水が再びもとに戻り、海の道はなくなってしまったのです。エジプトの兵隊たちは恐怖で泣き叫びました。紅海はその大きな波でエジプトの兵隊たちをのみ込んでしまいました。これは偶然に起きた自然現象ではありません。イスラエルの民に向かわれた、人の理解を超えた大いなる事を目の前で直接見せてくださったことです。いつも変わることがない神は、今私たちのためにも理解を超えた大いなる事を備えておられます。

コリント人への手紙第一の二章九節にはこのように記録されています。

「まさしく、聖書に書いてあるとおりです。『目が見たことのないもの、耳が聞いたことのないもの、そして、人の心に思い浮かんだことのないもの。神を愛する者のために、神の備えてくださったものは、みなそうである。』」

私たちに向かわれた神の驚くべき愛と祝福があることを確信しながら、望みを持って夢を見てください。必ず良いことが起きるはずです。

私たちに向けられた、人の理解を超えた大いなる事

神が天地を創造される時、人を一番最後に造られました。まずはすべての環境を創造され、アダムとエバをお造りになった後は、彼らにそれらを治めて支配する力を与えられました。神は先に人に必要なすべてのものを創造され、私たちを愛するがゆえに備えておかれた世界を楽しむように許されたのです。アダムとエバのために万物を備えておかれた神は、私たちをイエス・キリストの中で生まれ変わらせるため、すでに私たちの一生をすべて備えておられるので

す。

世界の基が置かれる前から、主は私たちの救いを備えられました。私たちが罪を犯すようになり、そのことによって、救いの計画が起こされたわけではありません。イエス・キリストの十字架の出来事は、私たちの罪を贖うため、はるか昔から計画された事だったのです。創世記三章一五節には「わたしは、おまえと女との間に、また、おまえの子孫と女の子孫との間に、敵意を置く。彼は、おまえの頭を踏み砕き、おまえは彼のかかとにかみつく」と書かれています。このみことばは、これから起きるたくさんの出来事を示唆します。イエス様の十字架は偶然起きたことではなく、徹底的に計画されたことを知らなければなりません。主は人間の姿をとってこの地上に来られました。おとめマリヤを通してお生まれになったのです。これはみことば通りに、直接女の子孫になられ、悪魔と敵になることを示しています。神はすでにアダムとエバが堕落した当時、救い主イエス・キリストによる救いを備えておられたのです。

イエス様がお生まれになる六百年ほど前、預言者イザヤはすでにキリストが十字架に釘づけられて苦難を受けられることを預言しました。イザヤ書五三章四～五節を見てください。

「まことに、彼は私たちの病を負い、私たちの痛みをになった。だが、私たちは思った。彼は罰せられ、神に打たれ、苦しめられたのだと。しかし、彼は、私たちのそむきの罪のために刺し通され、私たちの咎のために砕かれた。彼への懲らしめが私たちに平安をもたらし、彼の打ち傷によって、私たちはいやされた」

このみことばは、神がどれほど前から私たちの救いを備えておかれたのかを教えてくれます。私たちがイエス様を信じさえすれば救われるのは、こうしてすでに主がその道を全部備えておられたからなのです。

皆さんはキリストを信じることによって、何の代価もなしに赦しと義と救いを受けるという奥義を悟ったのです。神の愛と驚くべき力はこんなにも大きなものです。感覚的な知識では、到底神の御働きは理解できません。神はその知識を飛び超える方だからです。ですから、私たちは神がすべて備えておられるということをいつも心から信じなければなりません。私たちはどんな困難にぶつかっても戸惑わず、神がすでにすべてを計画しておられるということを信じましょう。私たちには何の対策がなくても、神には対策があります。エレミヤ書三三章二〜三節のみことばをいつも覚えていてください。

「地を造られた主、それを形造って確立させた主、その名は主である方がこう仰せられる。わたしを呼べ。そうすれば、わたしは、あなたに答え、あなたの知らない、理解を超えた大いなる事を、あなたに告げよう」

神のこの約束のみことばを堅く信じ、望みを抱いてください。私たちは人の理解を超える大いなる事の中にいる祝福された人たちです。

私たちが夢見るべきこと

私たちはいつも神が大いなる事をなさるのを夢見るべきです。やみが近づいてくることを夢見てはなりません。人の理解を超えた、大いなる事を約束された神のみことばを信じて、皆さんと私はいつも心の中に希望に満ちた、肯定的で楽天的な夢を見なければならないのです。そうすれば、神は必ず理解を超えた、大いなる事を現してくださるはずです。私たちの想像を飛び超えた、神の御働きが起きるはずです。神の奇跡を期待しながら口を大きく開けなければなりません。神は私たちの中で、ご自分の御力どおりに、私たちのさまざまな求めや考える以上のことをかなえられる方なのです。

アメリカに暮らす、ある黒人親子の話です。離婚家庭だったので、お母さんが働く収入だけで毎日生活をしていました。ある日、幼い息子がお母さんにだだをこねました。

「ママ、ネコ一匹欲しいよう。ねえ、ネコ買ってよ！」

彼女にはネコを買うお金がありません。心が痛くなりました。

「ぼくの友だちはみなイヌも飼っているし、ネコも飼っているのに、どうしてぼくにはネコを買ってくれないの？」

お母さんが言いました。

「私たちの優しい神様にお祈りしましょう。神様がネコを送ってくださるから」

それで、この親子は互いに手を取り合って祈り始めました。

「私たちのすべてを知っておられる主よ、私たちにネコを一匹、送ってください。私たちにはネコを買うお金がありません。父なる神様、切に祈ります。私たちを哀れんでください！イエスの御名によってお祈りいたします。アーメン」

息子がお母さんに聞きました。

「本当に神様はネコを送ってくださる？」

「もちろん。神様はできないことがない方だからね。ネコなんて問題ではないよ。いつか必ず送ってくださるから、そのことを期待しましょう。そしてネコを下さるまでずっと祈ろうね。神様は私たちの祈りを聞いておられるの。私たちは期待して、夢を見れば良いのよ」

そうやってお母さんと息子はずっと祈りました。

温かい日差しのある日、お母さんは庭の椅子に座って編み物をしていて、息子はその隣で紙にいたずら書きをしていました。ところが、何ということでしょうか？空高くから真っ黒な物体が落ちてきたのです。なんと、黒ネコでした。親子は仰天しました。空からネコが落ちてくるなんて、とても信じられないことでした。親子は飛び跳ねながら喜び、感謝しました。神が親子の祈りを聞いてくださったのです。この話は「空から落ちてきたネコ」という見出しで、神新聞やテレビを通して一気にアメリカ全域に広まりました。

それから数日後、ある人が親子を訪ねてきました。その人は、自分がそのネコの飼い主だから返してくれと言うのです。これはまた何ということでしょうか？　空から落ちたネコが自分のものだなんて。その人はこう主張しました。

「私はここから八〇〇メートルほど離れたところに住んでいます。ある日、ネコが木の上に登って下りないので、ネコを下ろすためにいろいろ試したのですが、駄目でした。それでネコが乗っている木の枝を引っ張ったら、その枝が手から滑って、ネコが飛んでしまいました。それで空高く飛んだネコは、あなたの家の庭に落ちたのです」

しかし黒人の親子は、「このネコは神からの贈り物だから返すことはできない」と主張しました。結局このネコの問題が訴訟となりました。法廷から専門家たちが出てきて調査を始めました。弾き飛ばされたという木の枝に、実際のネコに似せた造り物のネコを置いて実験してみました。ところが、いくら弾き飛ばしてみてもネコは二〇メートルから三〇メートル以上は飛んでいきませんでした。ネコが八〇〇メートルも飛ぶことはできない、という結論が出ました。ついに法廷は「これは神から与えられたネコだ」という判決を下しました。

まことに常識では考えられない出来事です。しかし神は、そのようなことを可能にされる方です。そのように、想像のできないことを夢見てください。小さな夢から大きな夢まで、どんな夢でも抱いていれば、夢が皆さんを率いてくれます。神の驚くべき奇跡を期待し、夢見ることをお勧めします。そうすれば、その奇跡は皆さんのものになります。私たちは信じる私たちのために備えておられるものがあるという確信を持つべきです。そして、神が必ず理解を超えた、大いなる事を起こしてくださることを夢見なければなりません。神への期待感を最後まで失わず、絶えず祈ってください。その夢はあなたのものです。

2. あなたが夢見るものを具体的に描きましょう

確かな対象を先に心の中で描いてください。具体的に紙に書いてみてください。より具体的な目標を得られる時まで、確信が与えられる時まで祈ってください。そして、その目標を、みことばを通して点検してください。

あなたの夢は何ですか？　今すぐ目標の夢を書き出して、いつも目の前に置いてください。夢がかなえられる姿をいつも心に描いているためです。それが成就した姿を見渡すことは、とても大事なことです。それは実際にかなえられるための法則だからです。いつもその夢が実現されたことを信じ、待ってください。

具体的な目標を描きましょう

私はオーストラリアで、牧会者を対象とした教会成長セミナーを開いたことがあります。彼らは「教会成長はアメリカや韓国のような国で可能なことであって、オーストラリアでは不可能なことだ」と言い、とても否定的でした。スポーツと余暇を楽しむお国柄なので、教会にはあまり行かない、ということでした。一週間の講義が終わった日、私は一つの提案をしました。

「皆さん、紙と鉛筆を準備してください。皆さんが祈る中で見渡した二年後の教会の姿と目標を、その紙に記録してください。そして自分の教会は二年以内に何人の信徒を夢見ているのか、具体的に書いてみてください」

参加者たちはそれぞれ自分の夢を記録しました。「二年後には五十人の教会になる」「百人の教会になる」、「三百人、五百人の教会になる」など、それぞれ目標は違いました。私は続けて言いました。

「目標を書いた紙を皆さんの事務室に貼っておいて、昼夜見ながら祈り、心の中にそれがかなった姿を描いてください。聖霊が働いてくださるはずです」

それから二年後、私には再びオーストラリアに行く機会がありました。その時、オーストラリアの聖会総会長が涙ぐみながら語りました。

「先生、私たちの教会は一〇年間少しの成長も見られなかったのに、夢見て祈ったら二年ぶりに一〇〇パーセント成長しました。私たちの教会だけの話ではありません。今オーストラリアの全教会が成長しています」

これは夢見ながら祈って得られた生きた証しでした。夢の原理を適用させて祈った結果、オーストラリアのある教会は、数万人の聖徒が出席するまで成長したのです。


私は今、国内に五百以上の教会を開拓する、という新しい夢を抱いています。目標があり、具体的な計画もあるので、昼夜その夢を見渡しています。そして、海外の大衆集会を行うという夢も持っています。全世界に出て行き、福音を伝えるというのが、その夢の目的です。それで、私はその夢を見て眠りから目覚め、またその夢を持って眠りに就きながら、一日中その夢の目標を見渡しています。そうしていると、その夢が信仰を生産し、聖霊の御働きを起こされます。ですから、心の中に夢を抱かなければなりません。心に抱いているその夢がまさに未来を創造される神の御手になるからです。

かつて南米の宣教旅行中にカブレーという牧師に出会いました。カブレー牧師は私に、ある証しを話してくれました。ある母親が耳のない子どもを連れて按手祈り（手を頭や体のある部分に置いて祈ること）を受けるために来ました。カブレー牧師は祈りながら、その子に素敵な耳を作って付けてあげることを想像しました。そして、切実にその子のために祈ってあげました。祈って間もなく耳に小さなこぶができました。何だろうと思いましたが、あまり気にせず、ただ一生懸命に祈りました。再びその親子が祈りを受けるために訪ねてきた時も、最初と変わりなく耳ができる夢を想像し、描きながら祈ってあげました。彼は祈り続けました。その子の親にも、子どもにはすでに耳ができたと信じ、朝ごとに、「〇〇ちゃんの耳はとてもかわいいね」と話してあげて、耳ができたことを見渡しながらなでてあげることを教えました。その後何事もなく月日が過ぎました。やはりその日も、耳がないことをあることのように信じながら祈りました。祈り終えて目を開けると、その小さなこぶが、まるでうちわのように開くのでした。それはまさに主の驚くべき奇跡でした。そのように、願い求めることは、まず聖霊の中で信仰によって夢を見、想像する時、描いた絵のままに現れるのです。

そのように、四次元の要素である目標は具体的でなければなりません。なぜなら、三次元に現れるべき現実の状況は、雲をつかむような漠然としたものではなく、現実に起きる、とても具体的なことだからです。その実際の形を見渡し、目標を決めてください。より綿密で具体的な目標を得るために祈ってください。

断食祈りをする理由も、自分の四次元世界を明確にするためです。自分自身の夢を明確にするためです。断食しながら自分のエネルギー源を切り離し、「私ができる」という自我をあきらめます。ただ神だけを仰ぎ見ながら、自分を変えられるようになり、その人の四次元世界が変わります。そしてその中で神が働かれ、神が見せてくださる夢を事細かく知るようになります。ですから、祈りを通してより具体的で明確な自分の目標を探すことを勧めます。

十字架を通した目標を立てましょう

世の中の運動選手はもちろん、一家のあるじに、病を抱えている病人にも、当然、それぞれ切実な目標があります。しかし、同じ夢も信仰によって夢見るべきです。

イエス・キリストの十字架を仰ぎ見て、霊と肉、そして生活の病から健康になる具体的な目標を心の中に受け入れるのです。現在の霊と体、そして、生がどのような状況に置かれていても、私たちはキリストの夢を受け入れなければならないのです。ペテロの手紙第一の二章二四節には、「そして自分から十字架の上で、私たちの罪をその身に負われました。それは、私たちが罪を離れ、義のために生きるためです。キリストの打ち傷のゆえに、あなたがたは、いやされたのです」とあります。イエス様の夢を、十字架を通して受け入れましょう。その時に私たちの心の障害は取り除かれ、いやされ、神の力を味わうようになるのです。

私たちは十字架を仰ぎ見ながらイエス・キリストの中にあるアブラハムの祝福と栄え、夢の目標を見渡さなければなりません。のろいや貧しさといった精神的な障害を取り除き、キリストを通したアブラハムの祝福と栄えを受け入れるべきです。それは私たちがいただいたキリストの夢です。ガラテヤ人への手紙三章一三節は、「キリストは、私たちのためにのろわれたものとなって、私たちを律法ののろいから贖い出してくださいました。なぜなら、『木にかけられる者はすべてのろわれたものである』と書いてあるからです」と記録しています。私たちは十字架を通したキリストの夢を目標として立てましょう。さらに私たちには、この地にとどまる者ではなく、天国に究極の目標があるのです。コリント人への手紙第二の五章一節は、「私たちの住まいである地上の幕屋がこわれても、神の下さる建物があることを、私たちは知っています。それは、人の手によらない、天にある永遠の家です」と伝えています。私たちのために十字架を背負われたイエス様を仰ぎ見てください。そして、夢見てください。私たちの望みはこの地を飛び越えて、あの天の御国に届くほど高いものなのです。

3. 夢は小さな事から実践しましょう

未熟児を保育器で少しずつ育てるように、小さな夢を大事に抱きながら、育し続けてください。聖霊と共に歩みながら小さな事にも忠実に従い、苦難を乗り越えてください。

十字架を通して育てられた夢は、蒔いてこそ実を結ぶようになります。現実がいくら大変でも、聖霊の助けによって聖なる夢を蒔いていけば、それがどんどん大きくなって三次元を乗り越え、変化させられるのです。死はいのちに、無秩序は秩序に、暗やみは光に、貧しさは豊かさに変わるのです。

人生の変化は夢の変化から始まるものです。皆さんも夢を蒔き、かなえてください。

夢をかなえるために、まず準備しましょう

人々は誰もが人生の変化、夢の成就を切に願います。しかし、ただ漠然と夢を眺めているだけで、実際に準備はしないものです。夢をかなえるためには事前の準備が必要です。夢があるなら、それが必ず実現できるという確信を持って、その夢はすでに実在しているかのように行動すべきです。それは、夢をかなえるための事前準備です。準備しなければただの夢で終わってしまいます。

今のヨイド純福音教会大会堂（聖殿）は、以前の建物を増築した会堂です。教会が成長しながら私は大会堂を中心としたタウンを建設する計画を立てました。教育館、二つの宣教センターなど、いろいろな建物を増やしていきました。そして日刊新聞である国民日報社を建設しました。また祈祷院も拡大する必要を感じたので準備し、計画を立てました。なぜなら、さまざ

まな建築物は、もっとたくさんの人々が神と深い交わりを持つことを助けるものだからです。最初、ヨイドの教会を建設した頃、私には二百万ウォン（約二〇万円）しかありませんでした。その当時、教会建築の予想費用の総額は二十億ウォン（約二億円）でした。しかし、私はすべての財政を神の中で賄いました。神は私の資源です。ビジョンと熱情をつかんだとしたら、資金の問題は一番最後のことです。それは神がすべてを備えてくださるからです。

神のことには順序が必要です。一番目に「これは主のみこころなのか？」、その次は「私たちは明確な目標を持っているのか？」、「私たちはその目標をかなえ、私たちのビジョンを心の中で所有することができるのか？」、「私たちはまことに信じているのか？」、「私たちはまことに魂への情熱があるのか？」を質問しなければなりません。もしそれらの答えが「はい」だとしたら、その次は計算機を片手に、費用を決める時です。私の場合は、お金が入ってくると仮定して信仰によって進み、水の上を歩きます。周りの風や波は見ません。ただ歩くだけです。歩かせる方は神だからです。

私たちは赤ん坊が生まれる前に、ベビーウェア、オムツ、ベッドなどを準備します。そうしておけば、出産後、すぐに使うことができます。私たちのすべての夢も同じです。夢を身ごもったなら、私たちも現実的な準備をしましょう。それを聖霊の力によって抱いていなければなりません。それが生まれる唯一の方法です。すべての夢は、ただ完成されることではなく、生まれるようにすることです。夢がかなえられた時、それを寝かせるためのベッドを作らなければならないのです。

私はあなたが準備することを願います。神は教会を通して福音が全世界地球村へ宣べ伝えられることを夢見ておられます。私たちは神の夢がかなえられるように努力しなければなりません。神は私たちのすべての資源であられます。私たちが神を資源にして拠り頼み、信仰によって進み出る時、神は絶対に私たちを失望させません。

夢が完成する時まで祈りましょう

創世記一七章を見ると、九九歳のアブラムに子どもを与えられる神の約束が記録されています。アブラムとサライには、現在、子どもがいません。ところが、神は「無いものを有るもののように呼びなさい」と話されます。アブラムは九九歳であり、サライは八九歳です。白髪のおじいさんとおばあさんであり、子どももいません。それなのに「たくさんの民族の父」「たくさんの民族の母」という意味のアブラハム、サラに名を変えることを命じられました。

彼らにはまだ子どもが見えませんし、いません。しかし、神の前にはすでにその子どもがいるのです。神の前では時間がすべて現在なので、神にとってイサクはすでに生まれているのです。しかし、人の目には見えないので、「無いものを有るもののように呼びなさい」と話されたわけです。

神を信じる人は、無いものを有るもののように心の中で確信を持ち、それを認めなければなりません。主は「だからあなたがたに言うのです。祈って求めるものは何でも、すでに受けたと信じなさい。そうすれば、そのとおりになります」（マルコ一一章二四節）と話されました。まだもらってはいないが、もらったものと信じなさい、ということなのです。

主は「まことに、あなたがたに告げます。だれでも、この山に向かって、『動いて、海に入れ』と言って、心の中で疑わず、ただ、自分の言ったとおりになると信じるなら、そのとおりになります」（マルコ一一章二三節）と話されましたが、このみことばは、命令する前に、その山が海に入るように神に祈って、その通りになるという心の確信を得なさい、ということです。

そして、切実に祈らなければなりません。一体いつまで祈るのでしょうか？　心の中に聖霊が来られて「もう答えを頂いた。もう大丈夫」という確信が心に与えられるまで祈らなければならないのです。すでに皆さんもそのような体験をしているはずです。

私もある目標を持って祈る時、最初のうちはそれがとても遠くにあるような気がします。しかし、「神様！　このことを答えてください」と祈り続けると、遠く感じられていたものがどんどん近づいてきます。それである日、祈る中で確実に答えていただいた、という確信が生じます。そうすると、その時からは無いものを有るもののように考え、見渡し、「私は答えを頂いた」と言えるようになるのです。

病の問題を抱えて、私たちの断食祈祷院で断食祈りをする人たちがたくさんいます。彼らが祈祷院のある山へ登る前は、まだいやしは遠い話のように感じます。

しかし、祈祷院で断食しながら一日、二日、三日と祈っていると、ある日いきなり心の中で「あ、いやされた！」という確信が生じます。しかし、目で見ると、まだ直っていません。イエス様がいちじくの木を見てのろわれても、まだいちじくの木は青いままでした。いちじくの木が枯れたのは一日後でした。そのように「私はいやされた」という確信は与えられたけれども、まだ病はそのままなのです。それにもかかわらず「ハレルヤ！」と感謝し、祈祷院から下りて何日かを過ごしてみると、いつの間にかいやされているのです。

信じたことがかなえられるまでは、時間がかかります。草を刈っておくと、根から切り離されているのですでに死んだ状態ですが、完全に乾燥するまでには時間を要します。同じように、それが実際に現れるのには時間を要するのです。

私たちの教会のある姉妹は、低い階段も上れないほど、心臓の状態が良くありませんでした。病院では手術を勧められました。心臓冠状動脈の血管が詰まったので、手術をしなければ治らないとのことでした。しかし、姉妹は祈祷院に上りました。そして、祈祷院の宿所で祈りました。

「父なる神様！　病院に行かないで、心臓の手術費用をあなたにささげます。神様が直接私を手術してください」

信じない人たちが聞くと、真に愚かなことのように聞こえるでしょう。心臓の冠状動脈が詰まったのに、手術をしなければどうやって治ることができるでしょうか？　しかしその姉妹はそのように祈った時、心の中に確信が与えられ、聖霊の御声が聞こえてきました。

「走ってみなさい！」

しかし、走ったら姉妹は死んでしまいます。ところが、「いやされた！」という確信があまりにも大きかったので、ついにその場に立ち上がり、ぴょんぴょんと飛び跳ねてみました。不思議なことに、息苦しくならないのでした。そのまま祈り続けると、「あのエリヤ高地まで行って来なさい」という御声が、心の中で確実に聞こえました。エリヤ高地とは、祈祷院が置かれている山の中腹にある場所で、健康な人でも苦労して登ります。姉妹は聖霊から言われた通りにエリヤ高地まで行きました。普通の人よりももっと軽い足取りで行ってきたのです。奇跡が起きたのでした！　彼女が無いものを有るもののように信じ、仰ぎ見て、確信したからこそ完全にいやされたのでした。

皆さん、私たちは誰でも、神の前にひざまずいて祈る時には、確信が与えられるまで祈らなければなりません。イエス様を信じない夫や妻、子どもたちへの夢、事業、病などへの願いの数々は、私たちの前に置かれた大きな山のように見えます。自分の力では到底成し遂げられない大きな目標、願い、夢を持って、神の御前で切実に叫び、祈ってください。受けたものだと信じられる時まで祈るのです。

夢の成就を見渡しながら、小さな事に忠誠しましょう

アメリカの有名なカーネギー鋼鉄会社の後継者は、チャールズ・シュワッブ（Charles Swab）という人です。彼は小学校しか出ていなかったので、この会社の雑用職として雇われました。任された仕事は雑用でしたが、彼の心の中では、自分を雇ってくれた場所で最善を尽くすという誠実さと夢にあふれていました。また、主人意識を持って未来の成功した姿を見渡しました。

彼は毎日毎日、工場の隅々まできれいに掃除しました。そんな姿を見て周りの人々はからかい、あざ笑いました。しかし、チャールズは、そんなことは気にも止めませんでした。雨が降っても雪が降っても休まず、工場をきれいに整理し、掃除しながら、「この巨大な工場は私のもの」という夢と主人意識を忘れませんでした。彼の行動と態度は、次第に人々に感動を与えるようになりました。その誠実さが認められて、雑用係から正社員に抜てきされました。

正社員になってからも彼は以前と同じ熱心さと主人意識を持って、すべてに最善を尽くしま

した。彼の行動はすぐさま噂になり、それに感動したカーネギー社長は、彼を自分の秘書に採用しました。社長秘書になったチャールズは、「私はこの会社の主人として、五メートルを行きなさいと言われたら十メートルを行き、誰かが下着を欲しがったら上着まであげる心情で働かなければならない」と心を決めました。全社員を集め、当時二千ドルから三千ドルの年給だった彼にー社長はどれほど感動したのか、全社員を集め、当時二千ドルから三千ドルの年給だった彼に百万ドルのボーナスを与えました。そして、チャールズが抱いている夢と主人意識は、どんなものにも代えがたいものだと全社員の前で賞賛しました。

鉄鋼王カーネギーが年老いて引退する頃になると、社員たちの関心は、この巨大な会社の後継者選出に集まりました。ハーバード大学やプリンス大学出身者が後継者になるのか、それとも、ある名門大家の子どもが後継者として抜てきされるのか、などと様々なうわさをしていました。

しかし、なんとカーネギー社長は、雑用職から自分の秘書になったチャールズを後継者に指名しました。それは全世界を驚かせる出来事でした。チャールズ自身も非常に戸惑いました。カーネギー社長は、「学歴と知能の高い人ではなく、会社に対する愛と主人意識、そして、夢を持った人だけが会社をうまく運営することができる」と強調しました。チャールズ・シュワッブこそが、会社を率いるリーダーだと思ったのです。

皆さん、今どんなところに置かれていても最善を尽くしてください。主が皆さんを助け、共にいてくださいます。小さな事に忠誠を尽くす私たちになりましょう。神はすべてを見ておられ、私たちの心を知っておられます。そして、その心を必ず尊く用いてくださるはずです。神だけを仰ぎ見ながら、任された事に全力を尽くしましょう。

苦難のトンネルを抜けて夢へ

夢と願いは、ひとりでにかなえられるものではありません。それがかなえられるためには、苦難というトンネルを通らなければなりません。夢は代価なしでかなえられません。私たちは苦難を通りながら自我が砕かれて、もっと神を信じて聞き従うようになります。自分の考えのまま、自分の思い通りに送ってきた生を、神は患難を通して砕かれ、間違った道から神へ立ち返らせます。神は私たちそれぞれの人生のために、すべてをあらかじめ定めておられます。私たちがその道を正しく歩む時、神は私たちをもっと祝福してくださいます。

試練と苦難を経験した人だけが夢をかなえ、もっと強くなります。腕力がつくよう筋力トレーニングするのと同じように、私たちの夢と望みは患難を通して成長し、もっと力強くなるのです。また、苦難はもっと大きな夢と望みをもたらす種です。苦難は夢につながるトンネルです。そのトンネルを通らなければ、その場にとどまるしかありません。しかし、苦難のトンネルを通れば、向こう側に着くことができます。試練のトンネルを通して私たちは大きい夢へ、もっと広くてもっと希望に満ちた祝福の世界へ渡っていくことができるのです。

ペテロの手紙第一の一章七節は、「あなたがたの信仰の試練は、火で精錬されつつもなお朽ちて行く金よりも尊く、イエス・キリストの現れのときに称賛と光栄と栄誉になることがわかります」と教えています。患難は、夢という食卓の上に並べられたごちそうです。なぜなら、夢は代価が払われた時にかなえられるものだからです。夢を持っているなら、夢という食卓に並べられた患難というごちそうを、必ず食べなければなりません。それを食べることにより、もっと大きい力と勇気を得て、夢に向かって前進することができるからです。

夢のある人にとって、苦難と試練は何でもありません。それはただ、夢をかなえるための一つの過程として私たちが楽しみ、食べられるごちそうになるからです。

4．いつも「希望の夢」を抱き、拡散させましょう！

現在、目に見えないからといって、失望することは全くありません。待ってください。十字架の苦難を黙想してください。そして、希望を分かち合う生活を送ってください。

あなたは神がいつも共におられることを信じますか？　そして、いつも守ってくださることを信じますか？　私たちには希望があります。いつか必ず助けてくださる主がおられるからです。だから、私たちは何でもできます。神の中で見渡し、信じ、夢見て祈るなら、すべてかなえてくださいます。神の希望を抱いて、たゆまずに祈ってください。皆さんは神に選ばれた尊い人です。

希望のメッセージ

私は一九五八年神学の勉強を終えて、教会を開拓しました。ソウルのブルグアンドン・デジョ村という、とても貧しい村にテント張りの教会を建てました。その当時は六・二五戦争が終わって間もない時だったので、社会秩序が乱れ、人々は貧しさといろいろな病で苦しめられていました。ソウルは避難民を始め、全国から集まった人たちでごった返していました。私はソウルの真ん中、特に一番貧しい町に教会を開拓し、直ちに神の福音を宣べ伝え始めました。

「イエスを信じてください。皆さんは天国の市民になります。悔い改めて、イエスを信じてください！」

私の叫びに答えてくれる人は一人もいませんでした。デジョ村は本当に荒れた村でした。最も貧しい人々が集まる村だったので、人々は日々の生活に必死でした。

アルコール依存者を始めとして、ヤクザや病人があふれる場所でした。そんな渦中で、私の人生に画期的な変化をもたらす、一つの出来事が起きました。

今にも崩れてしまいそうな板張りの家に、ハムギョンブット・ブッチョンから避難してきたある家族が住んでいました。私が勇気を持ってその家族を訪問した時、あるご夫人と出会うことができました。そのご夫人は九人の息子と、十年間一日中酒ばかり飲んでいる夫を持ったかわいそうな女性でした。彼女は心臓病、胃腸病の苦痛の中でとてもやせ細っていました。私は彼女に伝道することを決め、毎日訪ねて行っては、「イエスを信じて天国に行きましょう」と説得しました。すると彼女は、宗教の人たちはみなうそつきだと怒りながら訴えました。

「私は死んでから行くところには関心などありません。死んだら、それで終わりでしょう？私は今の生活が地獄そのものです。あなたもやってみてください。うちのこの暮らしを。私は生きている今、良い暮らしがしたいです。死んでからああだこうだと言われても何の関心もありません！」

私は、むしろ夫人の話に伝道されそうでした。何を言っても彼女は筋が通る話をしていました。結局私は何も伝えることができず、テントの教会に戻るしかありませんでした。そしてあの夫人の話が耳元でいつまでも響いていました。「天国があるなら死んだ後ではなく生きている今天国が必要だ！」

神は私たちを愛されるがゆえに、私たちが幸せになることを望まれるのではないか？彼女の訴え通り、今、私たちの生活の中に天国が訪れなければなりません。

人間は神の愛によって造られましたが、神を裏切りました。それで、労苦と重荷を背負いながら、罪の中で生きなければならなくなりました。そのような私たちを神は哀れんでくださり、ひとり子イエス・キリストを十字架につけられ、血潮を流されて私たちの罪を贖い、のろいと死、病を代わりに背負ってくださいました。イエス・キリストを通して永遠に罪の中にいるしかなかった私たちを救ってくださったのです。私たちは、ただイエス様を信じれば良いのです。そうすれば、魂が幸いを得るように、すべてにおいて幸いを得、元気で健康な生を得られます。それは特定の何人かの人のためにではなく、全人類のために備えられたものです。

イエス様の十字架は、全人類の救いをかなえられるようにされました。救いは魂の救いだけでなく、霊と肉と現実を救う全人類への救いのメッセージを持っています。それが福音です。これよりもっと大きくて偉大な愛が他にあるでしょうか。

私たちはただ信仰により神の恵みによって罪赦され、信仰によってのろいから解放され、信仰によっていやされ救いを受けられます。私もその信仰の希望によって、イエス・キリストと出会いました。完全に絶望的な状況の中で、聖書を読みながら大きな望みの火の柱を見つけました。そして、私は牧会者になりました。そして、この望みがどれほど大事なものなのかを、さらに切実に感じるようになりました。

私はその夫人のことを思い浮かべました。そして、その夫人にもこの望みのメッセージが必要だ思いました。それで、再び夫人の家に訪ねていき、彼女に望みを植えてあげました。

「私たち、身分を改めてみましょう！」

夫人は「この間は来て、天国の話だったのに、牧師という人が今度は身分を改めましょうだなんて、何を言っているのかしら?」と言わんばかりのけげんそうな表情をしました。

「いったいあなた何ですか！　もう帰ってください！」

私は続けて言いました。

「あなたの身分を改めてくださる人を知っています。一緒に行きましょう。あの方のところに行けば、あなたのご主人はお酒をやめるようになるはずですし、子どもたちに教育も与えてくださり、お腹いっぱい食べられるものも下さいます。さあ、一緒に行きましょう！」

私の話を聞いて夫人はついてきました。わらをもつかみたい気持ちだったのでしょう。田んぼ道を通り、ボロボロになったテントにござを敷いた教会に着きました。

「ここはどこですか?」

「教会です」

夫人はテントの中を見回すわけでもなく、いきなりお腹を抱えて大きな声で笑い始めました。

「私よりもあなたが身分を改めた方が良いんじゃないですか？　あなたも私もさほど違いもなさそうなのに、何を言っているのですか？　その人にまずあなたの身分を先に改めてもらったら？」

たぶん皆さんもその場にいたなら、一緒に笑ったでしょう。しかし、私はその夫人に力強く言いました。

「その通りです。あなたの身分も私の身分もどっちもどっちです。しかし、イエス・キリストの中で私たちは望みを得ることができます。イエス様を信じることによって霊的な救いを受けるだけでなく物質的にも祝福され、のろいから解放され、病からいやされて健康になり、永遠なる復活のいのちを得られるのですから、一度信じてみましょう」


夫人は話を聞くとやっと怒りを収めました。そして、毎日テントの教会に来るようになりました。それからは共に望みについて話し、祈りました。そうすると、夫人に驚くべき変化が起きました。望みを持って喜びながら生活するようになった彼女は、心臓病と胃腸病がきれいに治り、三カ月間の集中祈祷の結果、彼女の夫が酒をやめて何と、礼拝に出席し始めたのです。それは奇跡でした。主がなされたことでした。それで、ハムギョンブット・ブッチョン都民会を通して職場を見つけ、生活は日々良くなっていきました。そして、さらに驚くことに、子どもたちも学校に通学できるようになったのです。当時、土地さえ買えれば家を建てることができました。それで、教会で小さな土地を買い、私が保証人となり家を建ててあげました。もう夫人の生活は地獄ではありませんでした。見てください。その夫人は、イエス様を信じて魂に幸いを得るように、すべてにおいて幸いを得、健康になる奇跡を体験したのです。主が施されたとてつもなく大きな望みのメッセージに、私も大きな感動を受けました。

この夫人の出来事は、その後の私の牧会に大きな影響を与えました。私はもっと強力に希望のメッセージを証しするようになりました。それで、テントの教会は三年目に五百人の信徒が出席するようになりました。貧しさと絶望の染みついた町が、だんだんと望みあふれる町へと変わっていきました。聖徒たちは望みを抱き、一生懸命祈りながら働きました。その結果、資金を蓄えて土地を買い、教会も建てられるようになりました。

一九六一年度、私はその村を離れて、西大門へ移りました。西大門交差点付近で教会を始めたのですが、たくさんの人々が私をあざ笑いました。なぜなら、西大門交差点付近にはすでに独立教会とアヒョン監理教会があり、また近所にはジョンドン教会とセムナン教会があったからでした。韓国国内で五本の指に入るほど大きな教会のど真ん中に、まだ未熟で幼く、経験の浅い二六歳の牧師が怖いもの知らずに飛び込んできたのです。失敗するに決まっていると言われるのは、当たり前でした。

しかし、私はそのようには考えませんでした。私には主の望みがあったからです。

一九六〇年、韓国は国を挙げて国内の開発を始めました。パク・ジョンヒ大統領のセマウル（新村）運動をきっかけに産業化が始まり、たくさんの人々が職場を求めてソウルに上京してきました。ソウルに暮らす場所のない人々は、アヒョンドン、ヒョジコドンの山の上に集まり貧しい集落を作りました。板張りのこの村では、昼夜問わず練炭に火を付けたままでした。風が吹くと、練炭ガスが家中に充満しました。それでも家の中で耐えるしかなく、ひどい頭痛を抱えながら暮らすしかありませんでした。私はその人たちには希望のメッセージが必要だと感じました。私はこの厳しい現実を、神が与えられたチャンスだと思いました。律法を教えるのではありません。宗教を教えるのではありません。キリスト教を伝えるのではなく、イエス・キリストの中ですべての人が救いを受けられるという希望のメッセージを伝えようとしました。たくさんの教派と主のしもべたちが非難する中で、強力に希望のメッセージを伝えたのです。

するとたくさんの人々が希望のメッセージを聞くため、教会に集まってきました。しかし人々が泣き叫びながら祈る姿が、他の教団の非難の的になったりもしました。教会は敬けんで、聖い場所でなければならないのに、あんなに泣き叫びながら大騒ぎをし、賛美をしながら手を叩くのは何事か、と非難されました。豊かな暮らしをする中流階級以上のインテリたちは、泣く必要もなければ、手を叩く必要もありません。しかし、この人たちは教育も、家柄も、金も、また地位もありません。絶望の世界で生きる彼らは、希望のメッセージを聞き、神の前でおいおいと泣くしかないのです。泣くから生きられるのです。泣けないなら、その抑えつけられている重苦しさとストレスによって生きられないはずです。ですから私は、大きな声で泣くことを強調しました。「父の家に来たのだから、安心して好きな格好で、遠慮せず好きなだけ泣きなさい」と言いました。そうすると、悔しくて恨みを持つ心の人たちは、皆来て泣きました。祈る時になると、教会は葬儀中の家のようでした。その後賛美をささげる時には、私たちの父の家に来たのだから喜び楽しもう、という心で思いきり手拍子をしながら賛美しました。そうすると人々の心の中にあるストレスがなくなり、平安が臨みました。霊的に救いを体験し、強い信仰を持つようになると、病がいやされる奇跡を体験するようになりました。

私は一番大事なものが何かを知りました。それは、神にある希望と夢を植えてあげなければならないということです。そうすべき場所があるのなら、どこへでも行きます。地球を八十周回り、アフリカ、アメリカ、ヨーロッパ、南米大陸など、行っていないところはありません。そして、どこに行っても人は誰もが夢と希望を切実に求めていることを知りました。なぜなら、人間は夢と希望であられる神のかたち通りに創造されたからです。私たちは神の中で美しく、大事な夢を見ることができる幸せな存在です。

希望の神学

ドイツの有名な神学者ユルゲン・モルトマン（Jurgen Moltmann）博士は、自分の神学を「希望の神学」と言います。いつだったか、彼自身が「なぜ希望の神学を主張するのか」を説明したことがありました。

彼が一七歳の時に第二次世界大戦が勃発しました。彼はドイツ軍に徴兵され、戦争に行きましたが、捕虜となりました。イギリスの捕虜収容所で彼はひどい挫折と侮辱を受けながら、苦痛の中で絶望しました。その上、自分の故郷ハムブルクが爆撃で完全に廃墟となり、家族は皆死んだという知らせを聞いて、彼はもっと深い絶望に陥りました。博士は、国も滅び、自分の故郷も跡形もなくなり、家族も死に、その上自分は捕虜収容所にいるのだから、もう生きる意味なんかない、と自殺を考えたと言います。そんな時、一人の牧師から一冊の聖書をもらい、読むようになりました。聖書のページが、イエス様が十字架に釘づけられる場面に差し掛かりました。神の子として世に来られたのに、世はその方を認めませんでした。イエス様はたくさんの人々に善を施されました。そして、病んでいる人々をいやされました。しかし、そのように恵みを受けた人たちが立ち上がり、かえって「イエスを十字架につけろ」と叫びました。その時、一番近くで主に仕えてきた弟子たちも皆逃げました。イエス様は凄絶に見捨てられ、十字架に釘づけられて死なれたのです。博士はその場面を読み、自分の絶望と同じだと感じたそうです。

しかし、イエス様は死んでから三日目に、死とよみに打ち勝って復活されました。それは博士に大きな衝撃を与えました。彼は一番深い絶望の淵から、復活の勝利をもってよみがえられたイエス様を見て、「私にも復活はあり得る。私の心の中にイエス様を住まわせれば、この絶望から復活が起こり、破壊された祖国と故郷も復活ができ、私の失った家族も再び新しい復活のいのちを得て、家族を成すこともあり得る」という希望を持つようになりました。博士の「希望の神学」は、そのような状況の中から生まれました。彼は一番暗くて深い絶望の中で、キリストだけが復活を与えられる方だと悟りました。彼は捕虜収容所でひざまずき、イエス様を救い主として受け入れました。暗くて深い絶望が明るい光に変えられ、復活により暗やみはもうそれ以上続かないことを悟ったと語りました。

私たちは夢と希望を失うと、いくら良い暮らしがあり、問題なく生きていても、心は死んでいきます。しかし、夢と希望があれば、いくら環境が苦しくて耐えがたいものだとしても、生き残ります。人間には生きようとする本能が強く存在しますが、希望にはその本能を極大化させる能力があります。

テモテへの手紙第一の一章一節は、「私たちの救い主なる神と私たちの望みなるキリスト・イエスとの命令による、キリスト・イエスの使徒パウロから」と書かれています。

使徒パウロは、イエス・キリストを望みとして生きていた人です。パウロの生は苦難と逆境の連続でしたが、イエス・キリストを仰ぎ見、キリストを通して希望を見い出したので、すべての苦難を乗り越えることができました。使徒パウロは監獄の中でも挫折せず、聖徒たちに喜ぶことを勧める手紙を書くほど、希望に満ちあふれていました。そしてローマに送られる途中、船が嵐に見舞われて難破した時も、大胆に人々に神の導きを宣言し、希望を語ったのです。

「希望の夢」を絶えず維持させましょう

私の利己的な欲望の夢は、他人と分かち合うことができません。しかしキリストの中にある完全なる希望は、互いに分かち合いながら倍化します。希望は互いに分かち合う時に信仰の岩の上に建てられて、期待の根が深くなります。互いに慰め合い、希望を告白し合い、賞賛し、励ますと、希望の夢は上昇効果を得、互いに良い影響を与え合うのです。

その人が語る夢を聞くと、どんな人になるのかを知ることができます。それほど夢は、私たちの姿を映し出す鏡です。私が聖徒たちに五つの福音と三つの祝福を絶えず話す理由が、まさにそこにあります。十字架を通して夢を育てるためです。魂に幸いを得ているように、すべての点でも幸いを得、また健康な夢を植えてあげることです。現実がいくら大変でも、その心の中に夢があれば、その夢は三次元を支配し、変化を起こします。夢は三次元世界を大きく方向転換します。いくら個人の生活がむなしくても、健全な夢で生活を導き、切り開いていけば変えられます。死はいのちに、無秩序は秩序に、やみは光に、貧しさは豊かさに変えられ始めるのです。皆さん、いつも神の中で夢を見てください。そして、希望を維持してください。そうするなら、あなたの人生は驚くほど変化していくはずです。

あなたの4次元の夢

このように変えましょう

1. 人の理解を超えた、神の大いなる事を望みましょう。

いつも神があなたに施される人間の理解を超えた大いなる事を待ち望み、夢見てください。前方が断崖絶壁になることを想像してはなりません。いつも希望を持ち、楽天的な夢を見てください。

2. あなたが夢見るものを具体的に描きましょう。

確かな対象をまず心の中で描いてください。具体的に紙に書いてみてください。より具体的な目標を得られる時まで、確信が与えられる時まで祈ってください。

3. 夢の成就過程で小さな事から実践してください。

未熟児を保育器の中で少しずつ育てるように、小さな夢をしっかり抱きながら、育て続けてください。

4. いつも「希望の夢」を抱き、拡散させましょう！

現在目に見えないからといって、失望する必要は全くありません。待ってください。十字架の苦難を黙想してください。そして希望を分かち合う生を生きてください。

＊この表をご利用になる前に

・この表は４次元の霊性の４つの変化（考え、信仰、夢、言葉）の実行力を高める強力なツールです。この本を読み終えた後お用いください。
・１週間に一つずつの指針を実践してください。毎晩一日を振り返ってみて実行できたかどうかを○△×でチェックしてみてください。
・１カ月から４カ月後には、驚くべき変化が見られるでしょう。
○：変化のために、今日一日のうちで１回以上実践した。
△：チャレンジはしたが、思ったようにうまくいかなかった。
×：実践できなかった。

４次元の夢実行点検表

今日あなたの４次元の霊的な世界はどうでしたか？

４次元の夢を変えると３次元の人生が変わる！

夢を変えよう！

１）神様が私に大きくて不思議なことを見せてくださることを期待した。
－神様が私に下さる夢－
（　　）、（　　）を期待して記録してください。

２）具体的な目標を立て、紙に書き出して継続的に読んでみた。
－自分の目標を紙に書いて、大きな声で（　　）回以上読んでください。

３）夢の成就を信じて、聖霊様と歩んで夢の成就に関することをした。
－夢に関連したことのために時間を（　　）だけ割いてください。

４）私の心の中の希望を点検して、感謝する心を持った。
－希望と夢を見失わないように、感謝の祈りをささげてください。

夢

幻がなければ、民はほしいままにふるまう。しかし律法を守る者は幸いである。（箴29：18）

週	実践事項	月	火	水	木	金	土	日
1週	神様が私に大きくて不思議なことを見せてくださることを期待した。							
2週	具体的な目標を立て、紙に書き出して継続的に読んでみた。							
3週	夢の成就を信じて、聖霊様と歩んで夢の成就に関する事をした。							
4週	私の心の中の希望を点検して、感謝する心を持った。							

二部　あなたの中の四次元
霊的世界を変えましょう！

④言葉

① 希望のみことばを、口に出して宣言しましょう！
② 言葉を通して信仰を説いてあげましょう。
③ 創造的で肯定的な言葉を使いましょう。
④ いつも天国の言葉で解き明かして話しましょう！

4章　言葉

あなたの四次元の言葉、このように変えましょう

死と生は舌に支配される。どちらかを愛して、人はその実を食べる。（箴言一八章二一節）

言葉は、神の創造の御働きにおいて大事な要素でした。創造の計画が立てられましたが、神が話された時に見える現実となりました。そのように言葉には創造力があります。

従って、神のかたちに似せて造られた人間は、神が有する言葉の創造力も一部持っています。神のように完璧ではありませんが、人の言葉にも創造力があります。ですから否定的なことを言うと、当然否定的なものが育てられます。一方、神の力にあずかり肯定的で創造的、生産的なことを言うと、そのまま肯定的で創造的なものが現れ始めます。また、言葉は人を傷つけたり、いやしたりもします。言葉の力がどれほど大きいのかを私たちは知らなければなりません。

たとえ一言であっても、言葉は人を生かすこともできれば、殺すこともできる能力があり、生の重要な要素です。聖書は言葉の重要性を多く強調しています。箴言一八章二一節には、「死と生は舌に支配される。どちらかを愛して、人はその実を食べる」とあり、ヤコブの手紙三章六節で、「舌は火であり、不義の世界です。舌は私たちの器官の一つですが」と話し、八節は「しかし、舌を制御することは、だれにもできません。それは少しもじっとしていない悪であり、死の毒に満ちています」と記述されています。剣は一回で一人しか殺せませんが、言葉は剣の刃よりももっと強くて、まるで核爆弾のように、一瞬に大勢の人々を殺せる凶器にもなれるのです。

言葉はブーメランのように戻ってきます

言葉はブーメランのように自分に戻ってきます。口から出た言葉は隣人に影響を与えるだけでなく、結局は自分に戻ってきて、自分にも同じ影響を与えるので、とても大事なものです。

ある日、レオナルド・ダビンチはとても大事な絵を描いていました。ところが、画廊を見学していた子どもたちが走り回って騒いでいるうちに、絵の具のパレットをひっくり返してしまいました。彼が怒って「今すぐ出て行け！」と大きな声で怒鳴ったので、子どもたちは泣きながら出て行きました。その後ダビンチは、絵を描こうとしましたが、描けませんでした。いくら努力しても良くなるところか、筆を握った手を動かすこともできなくなりました。時間がたつにつれ、彼は自分の問題を悟るようになりました。彼は、泣きながら画廊から出て行った子どもたちを再び呼び集めてきました。そして、子どもたちに自分が怒り過ぎたことを丁寧に謝りました。すると子どもたちに再び笑顔が戻り、同時に彼の手は動き始めました。

言葉は隣人にも自分にも同じ影響を大いに及ぼす、とても大事なものです。

聖書も「愚かな者の口には誇りの若枝がある。知恵のある者のくちびるは身を守る」（箴言一四章三節）、「人はその口の実によって良いものに満ち足りる。人の手の働きはその人に報いを与える」（箴言一二章一四節）とはっきり記されています。

言葉は、聖霊の力とみことばに捕らえられなければなりません

言葉は重要な力（能力）です。管理し、治める必要があります。一番良い先生は聖霊です。聖霊に敏感に反応し、大事な時、何をどのように話せば良いのか教えていただくなら、過ちは減るはずです。人を生き返らせる話をし、神の祝福と賞賛の話をすることが、神に喜ばれる言葉の用い方です。

一言が祝福と災いをもたらし、一言がいつか神の御前で量られるなら、知恵の人はどうする

でしょうか。誰であれ、人の言葉に過ちがあり、舌をうまく治められる人はいないと、聖書は教えています。そういうわけで、できることなら口を閉ざす方がはるかに知恵のある生き方であり、口数を少なくすることが真の平安を与える道のはずです。

力のある言葉は、聖霊とみことば、祈りが共にある時に得られます。そしてそれは神の中にある四次元的な言葉です。聖霊に頼って話す生活は、創造的で生産的な力が三次元に現われます。次に述べる四次元の霊的な言葉を使ってください。天国言語で生活するあなたの人生は、すでに驚くべき奇跡が起きているはずです。

1. 希望のみことばを、口に出して宣言しましょう！

言葉を通して「できる」という肯定的な考えを受け取ってもらいましょう。また聖書を度々暗記し、その約束のみことばをその通りに宣言してください。

私たちはよく「大変で死にそうだ。苦しくてもう生きていたくない。どうしても再び起き上がる力がない」などという否定的な言葉を聞きます。もちろん私たちの現実が非常に大変なのは事実です。あまりにも大きな挫折感によってそのように嘆くしかないこともあり得ます。ところが、まるで「できない病」にかかっているかのように聞こえる時があります。彼らは否定的な言葉で自らをさらに縛り付けているのです。

そのように自分を失って「できない」と言う病にかかった人は、精神的な死に至る病を患っている人です。そのような人はいつまでも何もできません。

私たちは「ちょっとした一言に、そんな影響力があるわけないじゃないか」と考えがちです。しかし、実はそうではありません。くちびるから出てくる一言が人を生かしたり、殺したりする力を持っているのです。

ですから、「できない」病にかかって「何もできない」と言っている人は、創造的な御働きを体験することができません。今日、神は「できない」と言う人を用いません。できないと言いながら神を恨み、つぶやいているなら、私たちは結局このひどい苦難の状態から抜け出ることはできません。従って、もうそれ以上、新しい生を探して生きることはできないのです。

私たちは「できない」というような否定的な言葉を口に出してはいけません。天と地と万物を造られた神が私たちと共におられ、十字架で罪と病とのろいをすべて清算されたイエス様がおられ、また、知恵の神であられる聖霊が私たちと共におられるのに、なぜ、できないと言うのでしょうか？　なぜ、この苦難と試練から起き上がることなどできないと、否定的な言葉ばかりを口にしているのでしょうか？　イエス様は言われました。

「できるものなら、と言うのか。信じる者には、どんなことでもできるのです」(マルコ九章二三節)

私たちは毎日「できる」という肯定的な宣言をしましょう。

多くの人々が私に、「チョー先生、どうしたらそんなに活気あふれる牧会ができるのですか？世界を動かせる秘訣は何ですか？」と尋ねます。私はその度に、この創造的な宣言によってなされる神の御働きについて話してあげます。

それにもかかわらず宣言する

私がチェ・ジャシル牧師と一緒に教会を建てた頃は、まだ韓国は大変貧しい時代でした。一日に三回食事ができる日がそれほど多くありませんでした。ご飯どころか、サツマイモやジャガイモのような物でも、三食食べられたら、それこそ幸いでした。

教会員はどんどん増えていき、たくさんの奇跡と不思議なことが起こりましたが、相変わらず経済面の苦労は続いていました。やっとお金をこしらえてグレバン橋の丘付近に小さな部屋を二つ借り、一つは私の部屋に、もう一つは当時伝道師だったチェ・ジャシル師家族の部屋に使いました。また、食事の心配も毎日続きました。助けてくれる人は誰もいませんでした。お米を買うお金がなくて、チェ・ジャシル伝道師が買ってきた焼き芋が食卓に上っている日もありました。焼き芋五個で五人の家族が一つずつ食べて、水道の水でお腹をいっぱいにさせました。そんな夜は誰も口数が少なく、それぞれ自分の布団にもぐり込み、早い時間から眠ってしまうのでした。チェ・ジャシル伝道師は毎日、明け方まで涙を流しながら祈った後、通禁解除と同時に教会へ行って、異言の祈りで神に叫んで訴えました。焼き芋だけの食事は一、二回ならともかく、一日の三食ともなると、体から力が抜けるようでした。

そんなある日、私の心の中から信じる心がわき上がってくる感じがしました。私の内におられる聖霊の信仰を宣言したくなりました。私は鏡の前に立ちました。拳を握り締め、自分をにらみながら大きな声で叫びました。

「チョー・ヨンギ、おまえは貧しくない！」

「チョー・ヨンギ、おまえは金持ちだ！」

「私たちの教会は、来年には千人になる！」

「チョー・ヨンギ、過去のおまえは結核の病人だった。しかし、見てみなさい。今は健康ではないか！」

「チョー・ヨンギ、おまえの信仰は山を動かすほどだ。信じる者にできないことはないんだ」

その時、ドアの外で人の気配がしました。ドアを開けてみると、チェ・ジャシル伝道師が立っていました。叫んだことが聞かれたと思うと目を合わせられないほど恥ずかしく、気まずくなりました。しかし、それでも肯定的な言葉で自分自身を奮い立たせ、大きな声で叫び続けました。そのように続けていくと、神がその言葉に力と権勢を与え、肯定的で創造的な御働きが起き、今日、世界最大の教会を成すようになったのです。あの時、私がもし貧しい現実と少ない教会員の数だけを見て挫折していたなら、「できない、やれない、駄目だ」という言葉ばかりを繰り返していたのなら、私の牧会は失敗したに違いありません。

最近でも私は就寝前に「私はできる。私はキリストの内にあって祝福された人だ。私は成功者だ」と言います。また、朝、目覚めた時も、「私は、神が力を与えてくださるので成功できる」と言います。神が肯定的で創造的な宣言に力を注いでくださり、大きな御働きを起こされることを固く信じて宣言するのです。

ですから、皆さん、これからは言葉を変えてください。「到底無理だ。できない」といった否定的な言葉は、もう皆さんの辞書から消してください。そして、その代わりに「私はできる。誰が何と言っても私は再び立ち上がる」という肯定的な言葉に変えてください。それによって現実の絡まったすべてを解き、皆さんの生を全く積極的で、生産的で、創造的な言葉で満たしてください。そのように宣言し続け、大胆に進んでいくと、神がその言葉に力を与えられて、皆さんの生の中で驚くようなことを起こしてくださいます。絶望的な環境を良い環境に変えてくださいます。私たちの生が変わり、国民が変えられる御働きが起きるはずです。

2. 言葉で信仰を説きましょう

言葉は環境に打ち勝つ、霊的戦いの大事な道具です。言葉で信仰を説いてください。絶えずくちびるをもって繰り返し認めてください。私たちの環境に驚くべき変化をもたらします。

著名なインドの宣教師であるスタンレー・ジョーンズ牧師は、肯定的な信仰の持ち主として知られています。彼は有名な著述家であり、宣教師であり、福音伝道者でした。

ジョーンズ牧師はすべてを肯定的な心で受け入れ、健康も支えられていましたが、八九歳が近づいたある日、突然、中風で倒れました。数カ月間ベッドから起きられず、話すこともできなくなりました。彼は看護師にこう頼みました。朝でも、昼でも、いつでも自分を見たら、「ナザレ・イエスの御名により、起き上がって歩きなさい」と言ってください、と。牧師自身は全身が麻痺しているので、口が不自由でした。それで信仰の言葉を言ってくれるように看護師たちに頼んだわけです。

それで看護師たちはジョーンズ牧師に会うといつも「ナザレ・イエスの御名によって起き上

がって歩きなさい」と言い、すると牧師は「アーメン！」と答えました。

このことを聞くと、誰もが笑いました。しかし、ジョーンズ牧師は、口を通して話す言葉がどれほど大きな力かを知っていました。彼はまだ完治してはいないものの、休養のためインドのヒマラヤ山地へ行きました。そこでも牧師は休まず看護師たちと力を合わせて「ナザレ・イエスの御名によって命ずる。起き上がって歩きなさい」と、繰り返し言いました。そのような日々がしばらく続きました。八九歳の老体でジョーンズ牧師は中風から完全にいやされたのです。

それは口で告白する力でした。言葉で信仰を説いておいたので、できたのです。

結局三次元の病んだ現実を、四次元の要素である言葉で変えたのでした。

そのように神が答えてくださるという夢と信仰を持って、口を通して宣言し、その信仰を人々と分け合うと、語るみことばは、やみを照らす光であり、死んだ者を生き返らせるいのちであり、無を有に変える奇跡を起こすものとなります。ですから、私たちが夢を持って祈り、口に出して信仰を認めるということは、何と大事なことなのでしょうか。私たちが声に出して告白することは、信仰をわかりやすく伝えることです。また私たちの生に創造的で大きな変化をもたらす力なのです。

口に出して告白しましょう

私たちは、自分が救われたという事実を認めなければなりません。ローマ人への手紙一〇章九～一〇節では、「なぜなら、もしあなたの口でイエスを主と告白し、あなたの心で神はイエスを死者の中からよみがえらせてくださったと信じるなら、あなたは救われるからです。人は心に信じて義と認められ、口で告白して救われるのです」とあります。私たちがいくら心の中でイエス様を信じたとしても、それだけでは救いに至りません。「私はイエス様を救い主だと信じます」と口で告白しなければならないのです。まさにみことばが創造的な御働きを起こすからです。

マタイの福音書一〇章三二～三三節でも、「ですから、わたしを人の前で認める者はみな、わたしも、天におられるわたしの父の前でその人を認めます。しかし、人の前でわたしを知らないと言うような者なら、わたしも天におられるわたしの父の前で、そんな者は知らないと言います」と指摘しています。認めるのも、否認するのも口から出る言葉です。殺す力も、生かす力もすべては舌にある、ということを忘れてはいけません。

私たちの教会にジョン・ユソンという信徒がいます。その姉妹の証しを聞いてください。ジヨン姉妹は何年か前、突然倒れました。風邪のようで、何だかだるい感じが続き、急に心臓が暴れるかのようにひどく脈が乱れ、めまいとともに意識不明の状態に陥りました。九日ぶりに意識を取り戻したのですが、診断結果は、リンパ腺がん末期でした。ジョン姉は、今まで神の前で犯した罪を涙で悔い改め、「もしこのいのちを助けてくださるなら、主だけのために生きる」と切に願い求めました。抗がん治療を受けましたが、悪化して、ついに医者たちは家族を呼び集めて葬式の準備をしておくようにと伝えました。しかし、ジョン姉は最後まであきらめませんでした。固い信仰を持っていたのです。説教のテープを病院で聞き続けながら悔い改め、祈りました。ある時、説教テープから大きな声で「死よ。おまえの勝利はどこにあるのか。死よ。おまえのとげはどこにあるのか」（Iコリント一五章五五節）と聞こえてきて、そのみことばが心の中に確実に入ってきたと言います。彼女はそのみことばを受け入れて、「そうです。私の中に入っている死よ！　おまえの勝利はどこにあるのか。死よ。おまえのとげはどこにあるのか。私はイエスの御名によっていやされた。イエスの血潮によって勝利した。死よ。退きなさい！」と宣言しながら大胆に死と戦い始めました。

看護師が注射を打つたびに「イエス様がむちに打たれることによって私はいやされた！」と口を通して告白しました。そして、教会の祝福聖会では私が手を置いて祈ってあげました。その時彼女は聖霊の熱い御働きによって全身がいやされることを感じて、感激しながら病院に戻りました。再び診療を受け、検査してみると、リンパ腺がんは跡形もなく消えていました。医師たちも驚いて奇跡だと言いました。そして信仰のなかった夫と夫の家族全員が悔い改めてイエス様を信じるという驚くべき奇跡が起きたのです。

くちびるの告白は、このように驚くべき結果を導きます。クリスチャンがノンクリスチャンと違うのは、死と戦えることです。ノンクリスチャンには戦う武器がありません。しかし、私たちには戦う武器があります。それはまさに神のみこころです。みことばは聖霊の剣になるものです。神のみこころ、神のみことばを受け入れて信仰によってくちびるで告白し、戦うなら勝利するのです。

信仰によって命じましょう

祈りの課題を持って長い間祈る時、答えられた確信が与えられ、すでに答えを頂いたと思ったら、その時は無いものを有るもののように話さなければなりません。

「父なる神様！　すでにいやしてくださったので、感謝します。さらに全部いやしてください。すでに治療してくださったことを感謝します。もう私の家族は救われましたから、早く救ってください」

そのように信仰が心の中に入り、無いものを有るもののように話せるようになったら、その次に行うことは、課題の山へ向かって命令することです。

「大山よ、退きなさい！」

「病よ、退きなさい！」

「不信仰よ、退きなさい！」

「のろいよ、退きなさい！」

「貧しさよ、退きなさい！」

最終的に御働きが起こるのは、命令する時です。神が「光よ、あれ」と命令されると、光ができました。「大空よ、あれ」と命令されると、大空ができました。

「天の下の水は一所に集まれ。かわいた所が現れよ」と命令されると、地ができました。「地は植物、種を生じる草、種類にしたがってその中に種のある実を結ぶ果樹を地の上に芽生えさせよ」と命令すると、その通りになったのです。

イエス様はいつも命令されることによって最後の御働きをかなえられました。

「あなたの罪は赦された」

「起きなさい。寝床をたたんで、家に帰りなさい」

「汚れた霊よ。その人から出て行け」

「ラザロよ、出て来なさい」

いつも命令を通して創造の御働きがかなえられ完了するのです。頭を低くして哀願すれば創造の御働きが起きるのではありません。ですから皆さん、無いものを有るもののように確信し、考えて信じたら、皆さんの前に置かれた問題の大山に向かって命令してください。

「病よ、退きなさい！」

「私の家族たちは早く教会に出席しなさい！」

「職場よ、現れなさい！」

「祝福よ、近づいてきなさい！」

「栄光よ、現れなさい！」

私たちが信じた瞬間と、それが現れる瞬間は、時間差があるかもしれません。しかしその時間に関係なく、時間と空間を飛び超えて心で信じ、信じたことを口で認めて命令する人は、それを必ず実現させるようになるのです。

私たちはただ与えられた生を生きているのではありません。目には見えませんが、私たちは非常にレベルの高い霊的戦いを日ごと、時間ごと、分ごとに繰り広げています。ペテロの手紙第一の五章八節には、「身を慎み、目をさましていなさい。あなたがたの敵である悪魔が、ほえたける獅子のように、食い尽くすべきものを捜し求めながら、歩き回っています」とあります。

聖書のみことば通りに、悪魔はあらゆる手段と方法のすべてを駆使して、食い尽くすべきものを捜しています。しかし、私たちは決して彼らの餌にはなりません。なぜなら、私たちを血潮によって贖われたイエス・キリストがおられるからです。

これからは主のみことばを持って、私たちが直接口で宣言しながら、霊的戦いを勝利しましょう。

3．創造的で成功的な言葉を話しましょう

言葉は人を生かしも殺しもします。相手に感動や喜び、成功を呼び起こさせる創造的な言葉を使うように努力しましょう。


私たちはたった一言でも相手に感動や喜びを、あるいは成功を呼ぶような創造的な言葉を使うように努力しなければなりません。言葉は言った通りになる力を持っているからです。

有名な積極的思考のトレーナーであるアメリカ人、ジグ・ジグラー博士の話しです。彼がニューヨークの地下道を通るため階段を下りる時、物ごいが階段の片隅で鉛筆を売っていました。ジグラー博士も他の人たちのように、彼に一ドルだけを渡し、鉛筆は受けずに通り過ぎましたが、再び戻ってきては物ごいにこう言いました。

「先ほど渡した一ドル分の鉛筆をください」

物ごいは仕方なくジグラー博士に鉛筆を渡しました。博士は彼に言いました。

「これであなたの職業も私と同じ事業家です。あなたはもう物ごいではありません」

この物ごいの人生は、ジグラー博士のこの一言で変わりました。博士は、階段の片隅で一ドルもらって鉛筆一本渡すのは物ごいではなく、事業家なのだと話してあげたのです。博士の一言が物ごいの心の中で大きな変化を引き起こします。


物ごい自身が心で描いていた自画像も変わりました。事業家だという勇気が生まれました。その日、家へ帰りながら自分にこう言いました。

「私は物ごいではなく事業家だ。鉛筆を売る事業家だ」

彼の夢が変わり、自画像も変わり、信じる心も変わり、後に彼は立派な事業家になりました。そして、ある日ジグラー博士を訪ねて、こう言いました。

「あなたの一言が私を変えてくれました。他の人たちは鉛筆に関係なくただ一ドルを投げてくれたので、私はそれがすべてだと思っていました。それでいつも『私は物ごいだ』としか思っていませんでした。しかしあなたは、鉛筆と交換することで『あなたは私と全く同じ事業家だ』と言ってくれました。その一言が私の人生をこのように大きく変えてくれました」


このように口から出てくる言葉は、私たちの人生を大きく変えます。たった一言が、私たちが飲む水にも影響を及ぼすと言われています。日本の波動学者である江本勝は、『水は答えを知っている』という著書で、水も愛に反応するのだと言います。

私たちが水に向かってひどい侮辱の言葉をかけると、水の結晶体が醜く砕かれ、その形が非常に悪くなるそうです。さらに、その水に「悪魔」という文字を書いた紙を貼っておくと、結晶体の中に醜い穴が開いてしまいます。ところが、「ありがとう、感謝する」という肯定的な言葉をかけると、水の結晶体は美しい六角形を成すようになり、さらに「あなたを愛している！」と水に向かって言うと、水の分子が一番美しい結晶体に変わるのだと言います。愛の周波数が水の分子に影響を及ぼすからです。

そのように水も愛されるとうれしくなり、美しくなります。ましてや、人体は六〇パーセント水で形成されているのですから、言うまでもありません。それにもかかわらず、互いに憎しみ合い、のろい、怒りの心を抱くなら、人体にある水の分子が醜く歪んだ形となり、破壊され、さまざまな病として現れるようになるのです。しかし、私たちが互いに感謝し、ほめ合い、また愛しつつ励まし、肯定的でかつ積極的な言葉で語り合うと、私たちの体の六〇パーセントにも及ぶ水は、美しい六角形の結晶体を作って健康といのちが満ちあふれるようになるのです。

それは、互いに愛し合いながら、愛の言葉を語り合うことが、私たちのいのちと健康を改善することを教えてくれます。従って、これからはいのちを生き返らせる言葉を使うように努力してください。

義人は、慎重に考えて今この場にふさわしい言葉、知恵深く、益になる言葉、人を生かす言葉だけを口から出すべきです。義人の舌は、純粋で鍛錬されて不純物が全く混ざっていない、最上品の純銀のように価値があり、その口からは、人が聞いていのちの道に進むことができるように諭す、いのちの言葉が出なければなりません。言葉は結果を生むからです。

4. いつも天国の言葉で解き明かして話しましょう！

愛と祝福がこもった言葉は、人を変えて環境をも祝福します。天国の言葉である祝福と愛の言葉を話すと、聖霊がその舌を通して奇跡を成してくださいます。

最近の若者たちが使う言葉は、まるで異国の言葉のようです。例えば、「会えてうれしい」ということを「パンガプスムニダ」と言いますが、若者はそれを「パンガ」などと省略して言ったりします。また、「つまらない」、「面白くない」ということを「チェミガオプタ」と言いますが、若者はそれを「チュプタ（寒い）」と言ったりします。これらは若者同士だけの意思疎通用語ですが、それがコンピューターや携帯のメール文となると、なおさらあっけに取られてしまいます。文字は一つもなく記号や絵文字などで互いに送り合ったりしていて、私たちが見ても、どんな意味の文書なのか全くわかりません。しかし若者同士では互いによく通じ合います。それは彼らだけの言語だからです。

愛と祝福の言葉

同じように、天国の市民同士で通じ合う言語があります。私たちが新しい身分になったということを証しするのが、天国の言葉です。天国の言葉は世の中の人たちは理解できませんが、イエス様を信じる人なら誰もがわかります。そのように、信仰の中にいる私たちは天の御国の異言を話すことができなければなりません。なぜなら、私たちの舌が全身を治めるので、天国の言葉を話す人は天国方式の生を生きるようになるからです。

愛と祝福のこもった言葉は人を変え、その人の環境も祝されたものにします。ですから、私たちはどんな立場に置かれたとしても、つぶやきやのろいの言葉を口にしてはなりません。そんな時こそ、天国の言葉である祝福と愛の言葉を使うと、聖霊がその言葉によって奇跡を起こしてくださいます。

私たちの口から言葉が出て、私たちの人生を創造します。それはまるで蚕《かいこ》が自分の口から出てくる糸で自分が入る繭《まゆ》を作るのと同じです。くちびるの告白が、私たちが生きていく環境を作っていくのです。それゆえ言葉にはいつも気をつける必要があります。また聖霊が臨まれると、聖霊の御働きによって異言で話し始めるようになります。そうすると、驚くべきことが起きます。その言葉は聖霊が主張されるからです。ですから、いつも私たちは聖霊が話させてくださる通り、天国の異言で話すキリスト者になりましょう。

感謝の言葉、信仰告白の言葉

私たちがいつもつぶやきと嘆きだらけの人生を生きるなら、その人生は自ら破滅してしまうはずです。聖書は、「だれでも持っている者は、与えられて豊かになり、持たない者は、持っているものまでも取り上げられるのです」(マタイ二五章二九節) と話しています。私たちが口で無いと認めるなら、神は有るものまでをも取り上げられるというみことばです。しかし、有るものだと思い、神に感謝しほめたたえるなら、神はもっと良いもので満たしてくださいます。

詩篇二二篇三節では「けれども、あなたは聖であられ、イスラエルの賛美を住まいとしておられます」と歌っています。神が臨まれると、神の御前ですべての患難は去って行き、勝利が近づいてくるのです。ですから、聖書は「すべてに感謝しなさい」と言うのです。

私たちが口を通して話すというのは、その話したことを実際の現実にさせる力があるから非常に大事なことです。確信を持って大胆な夢を、口に出して告白しなければなりません。私たちは十字架を仰ぎ見、福音に対する夢と祝福された生に対する夢を大胆に受け入れなければなりません。そして、肯定的で確実な信仰告白をしなければなりません。

「私はイエスを信じて赦しと義を頂きました」

「キリストによって悪魔が私の中から退き、天国と聖霊が私の中に臨在しておられます」
「神様の恵みによって心の病もいやされ、肉体の病もいやされました」

そのように救いの福音と生に対する祝福を通し、緑の牧場といこいの水のほとりでいのちを得るだけでなく、あふれるほど恵みを受けて生きるようになるということは、信仰を現実に変える時に可能なのです。

信仰は実際に存在するのですが、言葉で宣言し、行動する時にかなえられるものです。私たちに苦難が訪れても、イエスがその苦難をすべて背負われ、私のたましいとすべての点において幸いを得るという十字架の血潮の約束を宣言するなら、苦難に打ち勝てる力を得るようになります。私たちが世の中で試みと患難と苦難を受けるのは、神が私たちに祝福を与えられるため、器を準備されるからです。今受けている現在の苦難も、結局は私たちが報いを受けるためなのです。

言葉は、神の四次元要素の中で現実に一番近いものです。言葉は、他の何よりも現実の感覚を直ちにその場で反映するからです。人の言葉を通して、その人の考えと信仰、夢を知ることができます。それで言葉が四次元の霊的要素の中で一番最後を飾るのです。

聖書は「あなたの口のことばによって、あなた自身がわなにかかり、あなたの口のことばによって、捕えられたなら」（箴言六章二節）と話しています。

言葉は神のさばきの対象になります。ですから、一言一言がとても大事なのです。イエス様は直接、「わたしはあなたがたに、こう言いましょう。人はその口にするあらゆるむだなことばについて、さばきの日には言い開きをしなければなりません。あなたが正しいとされるのは、あなたのことばによるのであり、罪に定められるのも、あなたのことばによるのです」（マタイ一二章三六〜三七節）と話されました。

神は言葉で人を評価され、さばきの日に正しいか、罪深いかを判断するかぎとされます。神は私たちのすべての言葉を知り、覚えておられるだけでなく、表には出していない独白や考えている言葉までをもご存じで、覚えておられます。ですから、自分のくちびるが祝福されたくちびるになるように、神の権勢が込められた聖書のみことばを言葉の基礎にしなければならないのです。信仰によって創造的な言葉を使う時、あなたの生は驚くほど変わるはずです。

あなたの4次元の言葉

このように変えましょう

1. 希望のみことばを、口に出して宣言しましょう！

言葉で「できる」という肯定的な考えを説いてください。また度々聖書を暗記し、その約束のみことばをその通りに宣言してください。

2. 言葉で信仰を説いてください。

言葉は環境に打ち勝つ霊的戦いの大事な武具です。言葉で信仰を説いてください。絶えず口に出して宣言してください。私たちの環境に驚くべき変化をもたらします。

3. 創造的で成功的な言葉を話しましょう。

言葉は人を生かしも殺しもします。相手に感動を、喜びを、成功を呼び起こさせる、創造的な言葉を口にするように努力してください。

4. いつも天国の言葉で解き明かして話してください！

愛と祝福が込められた言葉は、人を変えて環境を祝福されたものにします。天国の言葉である祝福と愛の言葉を使うと、聖霊がその言葉を通して奇跡を行ってくださいます。

＊この表をご利用になる前に

・この表は４次元の霊性の４つの変化（考え、信仰、夢、言葉）の実行力を高める強力なツールです。この本を読み終えた後お用いください。
・１週間に一つずつの指針を実践してください。毎晩一日を振り返ってみて実行できたかどうかを○△×でチェックしてみてください。
・１カ月から４カ月後には、驚くべき変化が見られるでしょう。
　○：変化のために、今日一日のうちで１回以上実践した。
　△：チャレンジはしたが、思ったようにうまくいかなかった。
　×：実践できなかった。

４次元の言葉実行点検表

今日あなたの４次元の霊的な世界はどうでしたか？

４次元の言葉を変えると３次元の人生が変わる！

言葉を変えよう！

１）鏡を見ながら、私は「（　　）ができる」と言った。
－「○○！　あなたは（　　）ができる」と（　　）回以上言ってください。

２）祈りの課題を神様が成し遂げてくださることを、自分の口で認めた。
－祈りの課題を読んで、アーメンと受け入れてください。

３）私の言語習慣を意識的に直そうとして努力した。
－否定的な言葉（　　）、（　　）を言わないように誓ってください。

４）今日、２人以上に励ましと祝福の話をした。
－○○さんと○○さんに心からの励ましと祝福を話してください。

言葉

死と生は舌に支配される。どちらかを愛して、人はその実を食べる。（箴18：21）

週	実践事項	月	火	水	木	金	土	日
1週	鏡を見ながら、私は「（　　）ができる」と言った。							
2週	祈りの課題を神様が成し遂げてくださることを、自分の口で認めた。							
3週	私の言語習慣を意識的に直そうとして努力した。							
4週	今日、２人以上に励ましと祝福の話をした。							

霊性訓練の中で神に会ってください

エピローグ

四次元の霊性を訓練しましょう

・人生の問題の数々を四次元の霊性で対応してください。
・四次元世界の変化は「霊的戦い」です。
・あなたの生に神の奇跡を期待してください、そして体験してください。

霊性訓練の中で
神に会ってください

5章　エピローグ

四次元の霊性を訓練してください

私たちの格闘は血肉に対するものではなく、主権、力、この暗やみの世界の支配者たち、また、天にいるもろもろの悪霊に対するものです。

（エペソ六章一二節）

今まで三次元の人生を支配する四次元の霊性と、その四つの霊的変化の要素——考え・信仰・夢・言葉——について学んできました。今、私はこの本を読んでいるあなたの感想が気になります。今あなたの四次元霊的世界はどうでしょうか？

霊的変化に対して勇気を得られたでしょうか？　それとも頭ではわかるものの、実際にその通りやってみるのは難しいと思っているでしょうか？　あるいは「私自身は今のままが良く、変わりたくない」と思うかもしれません。しかし確かなのは、今この瞬間にもこの世は驚くほど速く変化していて、皆さんの人生は絶えず深刻な挑戦を受けているという事実です。自分の行動に関係なく、サタンの勢力はいつも私たちを攻撃しているのです。

どんな人でも、自分の生活に試練の大波が近づいてくる時、こう考えます。「どうして私がこのような苦難を受けなければならないのか？」または、「なぜ他の人はそうじゃないのに、私だけがこんなに苦しい目に遭わなければならないのか？」「なぜ私にこんな問題が起きるのか？」おそらく皆さんは、自分なりの善後策で頑張るでしょう。もしそれを乗り越えられなければ、自分が属したすべての環境の中で奴隷になってしまうからです。

何年か前、フィリピンで聖会を開いた時、私は大統領からの招きを受けて会談をすることになりました。彼は国の将来を心配しながら話しました。

「チョー先生、大変です。西欧の文明がフィリピンになりふり構わず押し寄せ、若い世代のモラルの低下が非常に深刻になっています。政府がいくら止めようとしても無駄です。今は対処療法としてスポーツを奨励し、若者たちの精神を健全な方向へ誘導するために努力しています」

彼の話を聞いて私はこう言いました。

「スポーツは、肉体は鍛錬してくれても、心まで完全に変えることはできません。人の心を変えられるのは、復活されたイエス・キリストの血潮の力と聖霊の力しかありません。フィリピンの青年たちと国民全体が正しい道徳を身に付けるためには、イエス様を信じさせて、聖霊を受け入れさせる方法しかありません。ですから、大統領がこの国に信仰の運動を引き起こしてください」

家にできたクモの巣をなくすには、巣だけを取り除いても何もなりません。絶えず取り除いてもクモ自体を駆除しなければ、クモの巣は続けて作られるはずです。それと同じく、いくら社会全般にわたって罪を犯す人たちを捕まえるために法律を駆使して、制度や条例を作ったとしても、人の心が根本的に変えられないなら、無駄なことです。人は心の影響を受けて行動します。ですから、どのように心を治めるのかが一番重要なのです。

人生の問題、四次元霊性で対応しましょう！

実際に、霊的な目の開かれた人は、人生の問題を普通の人とは異なる視点で、違った対処をします。例えば、幼いヨセフが兄弟たちによってエジプトに売り渡された話では、このヨセフの苦しみは三次元的視覚で見ると、凄絶な苦しみであり、絶望としか言いようのないことです。それにヨセフが三次元的な見方で対処したら、間違いなく恨みと怒り、燃え上がる野望と復讐の人生になったはずです。しかし、彼は霊的に対応する視覚を持った人でした。ヨセフが経験した苦難は、四次元の視覚で見ると、むしろ神の黄金の道であり、恵みであり、祝福でありながら、救いの御働きであったことを悟るようになります。

同じく私たちも三次元人生の問題を同じく三次元的に解決しようとすれば、敗北の道に進むことになります。三次元世界に属した肉の欲、目の欲、暮らし向きの自慢、人間的な理性、経験と知識を持って霊的信仰生活に足を踏み入れるなら、それは出発から間違ったものとして、結局は悪霊の力に負けてしまうはずです。それは神が与えられたものではないからです。

私たちは四次元世界に関する知識を、神のみことばと聖霊の導きから得ることができます。この世の中で悪魔は食いつぶす人を探し回っています。私たちがもし神のみことばと聖霊の導きに背いたまま、人間的な争いに巻き込まれるならばサタンの餌食になってしまいます。私たちは四次元の霊的武具だけで打ち勝つことができるのです。結局私たちは方法を変えなければなりません。三次元人生の様々な問題をどのように受け入れて、乗り越えるのかによって三次元の人生が全く違うように見えます。そうです。答えは、四次元世界を変えさせるところにあります。四次元を変化させた私たちは、三次元の人生で勝利できるようになるのです。

そのような側面で、四次元霊性は神が私たちに与えられた祝福です。四次元世界の四つの霊的変化要素――考え・信仰・夢・言葉――を神のみこころ通りにまず変えると、私たちが生きている三次元の人生も自然に祝福の生に変わります。

もちろん、神を知らない人たちが信念を持ち、肯定的な考えと信仰の言葉、生産的な夢を持って三次元でその目標を成就することもあります。四次元の霊的要素は、普遍的な宇宙の法則でもありますが、それには限界があります。神の方法である祈り、言葉、聖霊を通して動かされる時に初めて、大きな奇跡が現れるのです。

その具体的な実行原理や変化の様子は、すでに詳しく紹介してきました。この本を読まれる間にもすでに適用してくださったと信じます。しかし、一回や二回試しただけで終わりにしてしまうのではなく、持続的に実行することが大事です。「四次元の霊性」が皆さんの生活の真ん中に根を下ろすことを願っています。また聖なる霊的習慣になることを願います。あきらめず、何度でも挑戦してみてください。聖霊の助けによって私たちは必ずできます。

四次元世界の変化は、「霊的戦い」です

私たち人間は非常に弱い存在です。四次元の領域を一人の力で変えることは簡単なことではありません。私たちの内面にある感情は、どこに飛んでいくかわからないものですから、肯定的な考えを継続することは難しいのです。また外部的な要因もあります。自分がいくら変えようとしても世の中の誘惑、サタンの攻撃はあまりにも執拗なので、崩されてしまいやすいので

す。四次元世界を変化させるのは、結局は霊的な世界を変えることなので、悪の勢力が私たちの努力を妨害しようとするのです。それが霊的戦いなのです。

「私たちの格闘は血肉に対するものではなく、主権、力、この暗やみの世界の支配者たち、また、天にいるもろもろの悪霊に対するものです」(エペソ六章一二節)

私たちの人生の問題は、結局、霊的な問題であり、霊的な戦いです。そして、私たちはこの戦いで徹底的に勝利を収めなければなりません。そのような霊的勝利のためには霊的訓練が必要です。自分の人生の主人として神に仕えながら、四次元霊性の四つの要素を神のみこころ通りに変えることは、霊的訓練で可能になります。霊的訓練の方法には三つがあります。祈りの訓練、みことばの訓練、聖霊の訓練です。

祈りの訓練

最初に祈りの訓練です。祈りなしで聖霊の御働きはあり得ません。聖霊の御働きがなければ、私たちは正しい霊性を持つことができません。内的な霊性開発は祈りを通してかなえられます。祈りの訓練はそれほど大事なものです。私自身も毎日祈りに専念するように努力しています。祈りは自分にとって、生そのものです。私の祈りの訓練方法を少しだけ紹介します。

一番目は、祈りの日記（Prayer journaling）です。毎日欠かさず、一日の日記を書くように、祈りながら未来のさまざまな計画を立てます。一日を始める前には予防注射の祈り（preventive injection prayer）をささげます。一日の霊的な勝利のため、何をするにもまず祈りで始めるのです。

二番目は、説教したり、ミニストリーの前にささげる働きの祈り（pre-working prayer）です。私は祈りも、神の前での働きだと思います。私は時々、後輩たちに言います。「人々のために働く前にまずは神の前で働きなさい」と。人々にみことばを宣べ伝える働き以前に、神に祈る働きを先に行わなければならないのです。

三番目は、信仰の祈りです。祈りはいつも疑わず、信仰によって行わなければならないものだと強調します。信仰の祈りのためには、善であられる神を信じ、祈りの目標が確かで、肯定的な信仰の告白をし、奇跡を期待するといった、信仰によって想像する方法を学ぶことが大事です。

四番目は、命令型の祈りです。信仰の祈りは、必ず信仰の宣言をしなければなりません。これはキリスト者に与えられた力（権勢）を用いることです。万物を治め、奇跡を創造し、サタンに勝利するためには、信仰によって命令する祈りが効果的です。

五番目は、共同体的な祈りです。特に断食祈りと通声祈り（人々が一斉に声を出して祈ること）を勧めます。断食祈りは、食べることをやめ、心を尽くして神を熱望し、神の恵みを切に求めることです。通声祈りは、祈りの集中力を高め、祈りの訓練に効果的であり、神の答えをもたらす強力な祈りの形です。これは聖徒の集まりの中で心を合わせて互いのため、教会のため、指導者のために祈る熱情的な祈りの習慣を作るのにも効果的です。

その他にもさまざまな祈りのモデルがあります。今まで主の臨在を感じ、奇跡を期待しながら、悪の勢力に抵抗できる効果的な祈りを提案してきました。主の祈りを通して、賛美を通して、霊を見分ける祈りなどを通して、祈りの世界がどれほど大きくて深いものなのかを知るようになります。異言の祈りも強調したいです。聖霊の御働きによって異言で祈る時、自分自身の弱さを飛び越えて、深い神の恵みと臨在を経験するようになるはずです。

そのように、祈りを通して四次元世界の中で聖霊の力（権能）を受けて考えて、夢見て、信仰を持って話すように変えられるのです。

みことばの訓練

神のみことばは、神の考えとみこころです。私たちの考えと姿と言葉は、生きておられる神の霊のみことばである聖書を通して成し遂げられなければなりません。

聖書を暗唱し、みことばを話すことは、私たちの四次元の霊的世界を発展させます。説教のみことばを通して聖徒たちは四次元の霊的世界を経験します。キリスト者の生の方向は、神のみことばを、耳を傾けて聞く時に変わることができます。

また、神のみことばは、信じる人の生の中で経験されなければなりません。もし私たちがみことばの中で神の力（権能）と働きを経験することができないとしたら、みことばは何の意味も持ちません。私は日曜礼拝の時、説教の中で聖書の聖句を二十個所以上引用します。聖徒たちに毎日聖書を読み、覚えて、学んで、実践することを勧めています。私たちは、神のみことばとみこころに深く感動して、自分たちの考えと夢、信仰、言葉が成長していくと私は信じます。みことばを理解し、黙想し、暗唱して、あなたの四次元霊性がなお一層成長することを願います。

聖霊の訓練

私たち一人ひとりが聖霊を経験する訓練が必要です。主に次の三つを経験すべきです。

一番目に、聖霊と共に交わることです。私は初期のミニストリーの時、聖霊の人格を理解できませんでした。しかし一九六四年、ある朝の早天祈祷会後、教会のリバイバルのために祈っている途中、聖霊の御声を聞きました。

「あなたはわたしを、ただ経験を通してだけ知った。しかし、聖霊は人格であられる。人格はただ経験を通して交わってはならない。人格的に交わり、認め、歓迎し、受け入れて感謝しなければならない」と。

この経験以降、私は聖霊と共に毎日深く話を交わし、神の驚くべき恵みを経験するようになりました。

二番目に、同伴者としての聖霊の役割を知らなければなりません。聖霊との交わりは、権能と神の御働きを現してくださいます。私たちの人生の成功と失敗は、聖霊との関係、それに伴う働きに左右されます。

三番目に、聖霊との連合（一つになること）がなければなりません。聖霊との連合とは、神と共に交わり、同伴者的な役割をしながら、完全に一つになることを意味します。聖霊との連合によって、聖霊が満ちた生を生きるようになります。

私たちが聖霊に満たされた時、夢をかなえる人になります。私たち自身のために生きるのではなく、イエス様の証人になる夢を持つことができます。聖霊は三次元の世界から私たちを動かし、私たちの生の中に創造的な変化をもたらす四次元世界の中へ導かれます。

あなたの生に神の奇跡を期待してください そして、体験してください

「四次元の霊的世界」は根本的に、神の御働きと人間である私たちが会う通路です。また、私たちは「四次元の霊性」を通して私たちの三次元の世界が変化する奇跡を経験するようになります。私たちは祈りと神のみことばを通して、私たちの考え、信仰、夢、言葉を変えられます。そして、聖霊が私たちの運命を変え、キリスト者としての使命を果たせるように助けてくださいます。

「四次元の霊性」を通して、私は聖霊が与えられるビジョンを受けました。信仰と共にビジョンを得る経験は、霊的な権威ばかりでなく、今日のようにヨイド純福音教会が成長できる力を与えてくれました。私は牧会の中で多くの奇跡を体験しました。奇跡は、神がなされる偉大なことです。私たちの教会の中で起きている奇跡の数々――生の変化、問題の解決、病のいやしなど――は日常的なことになりました。聖徒たちは、すべてを超越される神が私たちの生を仲

裁してくださり、問題を解決してくださり、たくさんの奇跡を行われると信じています。

あなたの生の中にどんな絶望的な状況が迫ってきたとしても、勝利する夢を見てください。イエス様の恵みにより、私たちにはそのような特権があるのです。死の代わりにいのちを、敗北の代わりに勝利を、病の代わりに健康を、失敗の代わりに成功を夢見ることができます。「あなたの口を大きくあけよ」（詩篇八一篇一〇節）というみことばをつかんで、大きな夢を見てください。夢は聖霊の言葉であり、夢見るということは聖霊が共に歩んでおられるということです。聖霊と共に歩むあなたが、肯定的で積極的で創造的な考えと夢を持ち、くちびるを通して宣言しながら進む時、絶えず勝利を得ることができます。

あなたの生の中で霊的勝利を宣言してください。これからはあなたの人生の問題に対して、以前とは違う考え、信仰、夢、言葉の四次元の霊性で接してください。

そして、この霊的戦いの勝利のために、絶えず訓練されるよう求めてください。祈りの訓練、みことばの訓練、聖霊の訓練の過程を通してあなたの四次元の霊性は三日坊主ではなく、聖なる習慣として定着するようになるはずです。そして、あなたの生に持続的な変化が現れるはずです。偉大な奇跡を必ず体験するようになり、神の夢をかなえる使命者になれるはずです。あなたの生の中に神の驚くべき恵みと祝福なる奇跡の御働きが臨むことを主の御名によって祝福しつつ祈ります。

※『四次元の人』のセミナー等についてのお問い合わせは、
トランスフォーメーション・グロース事務局まで。
〒305-0066 茨城県つくば市北中妻399-2
TEL./FAX. 029-836-7835

3次元の人生を支配する **4次元の人**

2006年11月13日 初版発行
2007年 8月20日 2版発行

著者 チョー・ヨンギ

発行 トランスフォーメーション・グロース

発売 小牧者出版
〒300-3253 茨城県つくば市大曽根3793-2
TEL: 029-864-4077
FAX: 029-864-8189
E-mail: saiwai@agape-tls.com
ホームページ: www.agape-tls.com

ISBN978-4-915861-90-1